中国文化
经纬

墨子与墨学

孙中原 著

中国书籍出版社
China Book Press

图书在版编目（CIP）数据

墨子与墨学 / 孙中原著. — 北京：中国书籍出版社，2014.11
ISBN 978-7-5068-4550-2

Ⅰ.① 墨… Ⅱ.① 孙… Ⅲ.① 墨翟（前480~前420）
—哲学思想—研究 Ⅳ.① B224.5

中国版本图书馆CIP数据核字（2014）第246872号

墨子与墨学

孙中原　著

责任编辑	毕　磊　张媛媛	
责任印制	孙马飞　马　芝	
出版发行	中国书籍出版社	
地　　址	北京市丰台区三路居路 97 号（邮编：100073）	
电　　话	（010）52257143（总编室）　　　　（010）52257140（发行部）	
电子邮箱	chinabp@vip.sina.com	
经　　销	全国新华书店	
印　　刷	三河市华东印刷有限公司	
开　　本	635毫米×970毫米　　1/16	
字　　数	110千字	
印　　张	13.5	
版　　次	2015 年 10 月第 1 版　　2019 年 5 月第 2 次印刷	
书　　号	ISBN 978-7-5068-4550-2	
定　　价	48.00 元	

总　序

　　二十世纪三十年代，陈寅恪先生在冯友兰《中国哲学史》下册的《审查报告》中说："窃疑中国自今日以后，即使能忠实输入北美或东欧之思想，其结局当亦等于玄奘唯识之学，在吾国思想史上既不能居最高之地位，且亦终归于歇绝者。其真能于思想上自成系统，有所创获者，必须一方面吸收输入外来之学说，一方面不忘本来民族之地位。此二种相反而适相成之态度，乃道教之真精神，新儒家之旧途径，而二千年吾民族与他民族思想接触史之所昭示者也。"今天读陈先生的话，感慨良多。先生所言之义：佛教传入中国，其教义与中国思想观念制度无一不相冲突。然印度佛教在近千年的传播过程中不断调适，亦经国人改造接受，终成中国之佛教。这足以告知我们外来思想与中国本土思想能够融合、始相反终相成之原因，在于"必须一方面吸收输入外来之学说，一方面不忘本来民族之地位"。这就是我们经常讲的，当下中国文化必须"返本开新"。如有其例外者，则是"忠实输入不改本来面目者，若玄奘唯识之学，虽震荡一时之人心，而卒归于消沈歇绝"。

我以为近代中国落后于西方，不应简单视为文化落后，而是二千多年的农业文明在十八世纪已经无法比肩欧洲工业文明之生产效率与市场资源的合理配置，由此社会政治、国家管理制度也纰漏丛生。由是而观当下之中国，体制改革刻不容缓，而从五四时代以来的文化批判也需深刻反思。启蒙运动对传统文化的批评固然有时代需求，未经理性拷问的传统文化无法随时代而重生。但"五四运动"的先贤们也犯了"理性科学的傲慢"，他们认为旧的都是糟粕，新的都是精华，以二元对立的思考将传统与现代对峙而观，无视传统文化在代际之间促成了代与代的连续性与同一性，从而形成了一个社会再创造自己的文化基因。美国学者席尔思写了一部书《论传统》，他说：传统是围绕人类的不同活动领域而形成的代代相传的行为方式，是一种对社会行为具有规范作用和道德感召力的文化力量，同时也是人类在历史长河中的创造性想象的沉淀。因而一个社会不可能完全排除其传统，不可能一切从头开始或完全取而代之以新的传统，而只能在旧传统的基础上对其进行创造性的改造。此言至矣！传统与现代不应仅在时间序列上划分，在文化传承上可理解为"传统"是江河之源，而"现代"则是江河之流。"现代"对"传统"的理性诠释，使"传统"在"现代"得以重生。由此，以"同情的敬意"理解自己民族的文化传统是当下中国的应有之义，任何历史文化的虚无主义都要彻底摒弃。从"五四"先行者到今天的一些名士，他们对传统文化进行激烈批判，却也无法摆脱传统文化对自己的思维方式和价值观念的影响。这样的事实岂可漠视。

这套《中国文化经纬》丛书是在1993年刊行的《神州文化集成》丛书的基础上重新选目、修订而成。自那时到今天，持续多年的"文化热"、"国学热"，昭示着国人对自己民族文化的认同还处在进行时。文化决定了一个民族的性格，民族性格决定了一个民族的命运。中国文化书院成立至今已有30年了，书院同仁矢志不移地秉承着"让世界文化走进中国，让中国文化走向世界"之宗旨，不负时代的责任与担当。此次与中国书籍出版社合作出版这套丛书，期盼能在民族文化的自觉、自信、自强上有新的贡献。

王守常

2014 年 12 月 8 日

于北京大学治贝子园

墨子创墨学，墨学有发展

前言

　　墨子是继老子和孔子之后，在战国初期（前5世纪）产生的第三位文化巨人。墨子出身平民，熟悉工匠技艺，早年"学儒者之业，受孔子之术"（《淮南子·要略》），后发现儒学的缺点和不足，于是独创反映劳动大众利益的系统学说，即墨学。墨学一旦产生，便迅速在中华大地传播。儒学的第二位代表人物孟子，在战国中期（前4世纪）惊呼："墨翟之言盈天下。"（《孟子·滕文公下》）

　　墨家在战国中后期（前4至前3世纪）有很大发展。《吕氏春秋·当染》描述墨家发展的盛况说，墨子死后很久，墨家学派依然"从属弥众，弟子弥丰，充满天下"，记载墨学传授的谱系和影响说："禽滑厘学于墨子，许犯学于禽滑厘，田系学于许犯。""后学显荣于天下者众矣，不可胜数。"

本书以通俗简明的笔调，揭示墨学发展的主要阶段和成就，生动形象地描述墨学的精华与局限，展示战国时期墨家显学的概貌和对当今社会的重要启迪。在本书修订本列入《中国文化经纬》系列丛书第一辑出版之际，我要特别感谢最初向我传达选题和宗旨的汤一介先生（时任中国文化书院院长），初稿审定人我在中国人民大学的启蒙导师石峻先生的指导和辛勤劳动。

孙中原 2015 年 9 月 10 日于北京海淀

目　录

第一章 泰山红日映彩霞 神州大地育精英

——创说与活动

第一节 泰山巍峨 哲人其兴 贱人显学 流誉四方
——出身和成名

墨子（约公元前 480~ 前 420）姓墨名翟，战国初鲁国人，是当时和孔子齐名的文化巨人。

孔子临终前七天，作歌唱道："泰山其颓乎！梁木其坏乎！哲人其萎乎！"（《礼记·檀弓上》）孔子于歌中自比栋梁，自称哲人，把自己的死比作泰山的崩塌。

然而，泰山依然巍峨壮丽，草木仍旧青翠葱茏。孔子死后没有多久，在受孔子文化影响很深的一个鲁国小城中（相当于今滕州市），诞生一位普通劳动人民的儿子，他就是墨翟。

墨子所在的城不大，但在这个地区是繁华热闹的地方。城内居民万户，方圆三里《杂守》说："率万家而城方三里。"《非攻中》说："三里之城，七里之郭。"此处是附近物资集散地，泰山玉皇顶是远近闻名的游览胜地，不知从什么时候起，这里聚集适应当时生产和生活迫切需要的各种手工业作坊。如木工、车工、皮革工、制陶工、冶金工、缝衣工、织布工、制鞋工等，应有尽有。

墨子出生于木工世家，当他成为与孔子齐名的"显学"（最著名学派）领袖后，仍念念不忘"农与工肆之人"与"农与工肆"之事。他天天把这些人和事挂在嘴上，动不动就拿"农与工肆"的人和事打比方，举例子。墨子学说反映"农与工肆之人"的利益，喊出他们的心声。

墨子从不否认出身贫贱，不否认自己学说同劳动人民的联系。墨子止楚攻宋，在楚王面前说："臣北方之鄙人。"（《吕氏春秋·爱类》）墨子献书楚王，楚王称老，派大臣穆贺接待墨子。墨子在穆贺面前，承认自己是"贱人"，自己学说是"贱人之所为"，把自己学说，比喻为农民种的粮食和所采集的草药。（《贵义》）大儒荀子称墨子学说为"役夫之道"，与儒家的"君子之道"相对立。（《荀子·王霸》）

墨子自幼聪慧勤奋，为人热情善交往，好与人交谈辩论。

由于家庭出身的影响和周围环境的熏陶，使墨子熟悉当时社会上的各种手工业技巧。举凡木、车、皮革、制陶、冶金、缝衣、织布、制鞋等各种手工工艺，他都怀有很大兴趣。墨子关心生产，热衷科学，精通城防工程和军事器械制造。这深刻影响他的历代后学。

墨子的木工技术很出名，跟当时名匠公输般（鲁班）不相上下。他曾用木片精心制作会飞的老鹰，当众亲自操作演示，弟子见了，雀跃欢呼道："我们的老师真巧！能使木鹰飞起来！"（《韩非子·外储说左上》）这可以看作我国最早的航空模型。可见墨子木工技艺高超。

公输般能用竹子木片制成会飞的喜鹊，自认为很巧。墨子对公输般说："你做会飞的喜鹊，不如我做车辖（车轴上的关键部分）。我能用一会儿工夫，砍削三寸长的木头，装在车轴上，使它承担六千斤的重量。"（《鲁问》）魏国宰相、名家代表人惠施说："墨子大巧，巧为辁。"（《韩非子·外储说左上》）辁是大车上的关键设备。说明墨子精于制造大车的技术。

墨子善于制造守城器械，精通构筑城防工事的技术。墨子与墨家，经常承揽弱小国家构筑城防工事和制造守城器械的业务。

墨子是平民出身的文化伟人，青壮年时代就流誉四方，被称为"圣人""贤者"。墨家是先秦唯一可以跟儒家分庭抗礼的学派，韩非子把儒墨并称为"世之显学"，是当时最著名的两个学派（《显学》）。人们常把"儒墨""孔墨"并提。由于种种原因，墨学逐渐式微。秦时尊法家，汉初崇黄老。汉武帝采纳董仲舒建议，"罢黜百家，独尊儒术"，墨家更受到贬低排斥。但是，一切有价值的文化遗产，总要拂去历史的尘埃，闪烁人类智慧的光辉。进入近代以来，墨子与墨学的贡献，开始引起更多关注，研究愈加深入，墨学的崇高价值，逐渐为人们所认同。

第二节　刻苦攻读　知识广博　继承传统　锐意创新
——勤学和创说

墨子好学深思，苦读博览，甚至到各诸侯国游说时，也抓紧时间攻读。有一次，墨子从鲁国出发，到卫国游说，车中"载书甚多"，弟子弦唐子见了很奇怪，问道："老师，您车上带这么多书干什么？"墨子回答说："过去周公旦早上读一百篇书，晚上接见七十个读书人，跟他们座谈。所以知道的多，能辅佐天子，成绩卓著。他的影响一直持续到今天，没有磨灭。我上没有君主治理国家的事情，下没有农民耕种土地的劳作，我怎敢不读书？"（《贵义》）墨子把读书看作本分，视为职业的需要。墨子能成为创立学说、建立学派的著名学者，其中一个重要原因，是他勤奋好学。《庄子·天下》说墨子"好学而博"。

墨子提倡"学而能"，"学而知"，依靠学习增长知识才能。墨子同那般"王公大人骨肉之亲，无故富贵，面目美好者"划清界限，认为他们不是"学而能"者，靠出身门第"既富且贵"，靠长得漂亮受到宠爱重用。这些人却未必是爱学习，有智慧的人。让这一类人治理国家，导致国家混乱。（《尚贤》中下）

墨子最初学古代传统文化和当时有影响的儒学。鲁国是古代传统文化和儒学的中心。鲁国开国君主为周公旦之子伯禽，一向尊重周礼。《左传·昭公二年》说："周礼尽在鲁矣。"周王曾派礼官史角去鲁国传授周礼，鲁君把史角留在鲁国。史角后代在鲁国继续传播周礼。墨子跟史角后代学习。（《吕氏春秋·当染》）《淮南子·主术训》说："孔墨皆修先圣之术，通六艺之论。"六艺是中国古代传统文化的基本内容。比较初级的六艺，指礼、乐、射（射箭，军事科目）、驭（驾车，军事科目）、书（书法文字）、数（数学计算）。比较高深的六艺,指礼、乐、书(《书经》)、诗(《诗经》)、易(《易经》)、《春秋》(历史书)。墨子平日言谈讲学,常引用《诗经》、《书经》和周、燕、宋、齐等国《春秋》。墨子自称遍读百国《春秋》。(《墨子间诂》附录)可见墨子对中国传统文化典籍的娴熟,反映墨学跟中国传统文化的渊源关系。

墨子在学儒同时,发现儒家的缺点,进而反儒非儒。《淮南子·要略》说:"墨子学儒者之业,受孔子之术,以为其礼烦扰而不悦(烦琐不易实行),厚葬靡财而贫民,久服伤生而害事,故背周道而用夏政。"孔子推崇周公,墨子标新立异,效法传说中的夏禹。有一次墨子跟儒家信徒公孟子辩论,公孟子称颂古代,墨子对公孟子说:"子法周而未法夏也,子之古非古也。"(《公孟》)儒家立一个效法榜样周公,墨子就立一个效法榜样夏禹,比周公更古老。争强斗胜,比学术渊源的古老,是古代百家争鸣中的趣事。

青出于蓝而胜于蓝。先模仿别人而后自己创造。墨子虽受业于儒学,却又不满足于儒学,他在学儒师孔(子)中,锐意创新,提出独特学术观点和系统学说。一次,墨子外出游说,学生魏越问道:"您此行能够见到四方的君主,您将对他们说些什么呢?"墨子胸有成竹,脱口而出道:"凡入国,必择务而从事焉。国家昏乱,则语之尚贤尚同。国家贫,则语之节用节葬。国家喜音沉湎，则语之非乐非命。国家淫僻无礼，则语之尊天事鬼。国家务夺侵凌，则语之兼爱非攻。故曰择务而从事焉。"（《鲁问》）尚贤是主张任用贤能。尚同是要求把贤人政治推广到全国，和平一统。节用是节约开支。节葬是要求丧事从简。非乐是反对统治者兴乐害民。非命是主张强力从事，不相信命定论。尊天事鬼是墨子假借天意鬼神推行学说，劝善禁暴。兼爱是实行人人相爱互助的理想教育。非攻是反对大国攻伐掠夺小国。

从尚贤到非攻十个论题，反映墨子社会政治学说的基本观点。墨子就这些论题对学生系统讲授。在现存《墨子》一书中，每个论题都有相应的论文，是后学记录老师的讲演词。从这些论文看，墨子观点跟他前辈孔子的观点对立，反映墨子独树一帜的创新精神。

从墨子对学生的答话看出，墨子虽认为自己的观点自成体系，但在具体运用上还要结合各国的具体情况，分别强调学说的不同重点，解决当务之急。

然而，墨子并没有全盘否定孔子。他认为孔子学说中也有"当而不可易者"，即有正确而不能改变的部分。有一次，墨子跟儒家信徒程子辩论。墨子在辩论中引用孔子的话，作为论证的根据。程子立即质问："非儒，何故称于孔子也？"

即你反对儒家，为什么又称引孔子的话？墨子答："是亦当而不可易者也。今鸟闻热旱之忧则高，鱼闻热旱之忧则下。当此虽禹汤为之谋，必不能易矣。鸟鱼可谓愚矣，禹汤犹云因焉。今翟曾无称于孔子乎？"（《公孟》）孔子的话中也有是真理而不能驳倒的部分。鸟遇热则飞向高空，鱼遇旱则潜入水底，这种规律就是大禹、商汤也不能改变。可见墨子突破派别偏见而服从真理的科学态度。他在创新中，并没有完全否定传统中的正确成分。这犹如墨子在批评儒家"述而不作"的错误论题时所说："吾以为古之善者则述之（继承传统），今之善者则作之（锐意创新），欲善之益多也。"（《耕柱》）在增进知识、探求真理的过程中，无论古今新旧，应该兼容并蓄，多多益善。

第三节　聚徒讲学　分科施教　组织团体　墨学新人
——教育和结社

　　墨子作为一个博学多才之士，他的主要活动是教学和游说。在墨子之前，孔子已在鲁国兴起聚徒讲学之风，号称弟子三千，"身通六艺者七十有二人"（《史记·孔子世家》）。墨子继孔子之后，在鲁国开办私人学校，从事教育，一生未脱离教师职业。史籍记载墨子同孔子一样，"从属弥众，弟子弥丰，充满天下"。"后学显荣于天下者众矣，不可胜数。"(《吕氏春秋·当染》)墨子止楚攻宋，一次就出动弟子三百名，帮助宋国守城。史籍记载墨子后学有姓名者达数十人之多，历次战斗中死难弟子有数百名。其后学总数估计不下千数。

墨子认为有知识应该"劝以教人"，"隐匿良道"而"不相教诲"，不仁义。墨子把教学看作"为义"（实现理想事业）的一部分。

有一天，一个小伙子到墨子处闲谈。墨子问他："你怎么不学习？"小伙子说："我们家族里面还从来没有学习的人。"墨子说："你这话不对！爱美的人，难道会说我们家族里面还从来没有爱美的人，而不好美？想发财的人，难道会说我们家族里面还从来没有想发财的人，而不想发财？爱美，想发财，不用看别人的样子，也会拼命打扮自己，千方百计使自己发财。而为义是天下的头等大事，为什么要看别人的样子？一定要竭尽全力来做才对！"这位小伙子终于被说服。（《公孟》）

教育是继承和传播人类知识的必要手段。墨子后学根据墨子的思想，特意论证"学习有益"的论题，肯定教和学的效用：

唱而不和，是不学也。知少而不学，功必寡。和而不唱，是不教也。知多而不教，功适息。（《经说下》）

老师教，学生不跟着学，这叫"不学"。知识少而不学习，教育的功效必然不能发挥。学生想学习，老师不想教，这叫"不教"。知识多而不教别人，教育的功效等于零。

为了充分发挥人类已经获取知识的功效，墨子不遗余力劝学倡教。墨子本人既是积极求知的学生，又是热情施教的师长。

墨子对后学不倦教诲，亲如父兄，弟子对老师十分敬重。墨子的"子"是尊称。弟子们每称其师，还于墨子前再加"子"，呼为"子墨子"。翻译为今天的话，相当于说"我们的老师墨子"或"我们的墨老师"。这是何等尊敬和亲切！

墨子对弟子循循善诱，不摆架子。老师可以批评教育学生，学生也可以向老师质疑问难，对老师的学说存疑和批评。在《墨子》一书中，不乏师生切磋学术，促膝谈心的事例。

墨子教育分谈辩、说书和从事三科。这是根据当时社会的需要和学生才能特点而设立的。《耕柱》篇记载：

治徒娱、县子硕问于子墨子曰："为义孰为大务？"

子墨子曰："譬若筑墙然，能筑者筑，能实壤者实壤，能睎（测量）者睎，然后墙成也。为义犹是也。能谈辩者谈辩，能说书者说书，能从事者从事，然后义事成也。"

这里"为义"可作广义和狭义两种理解。广义指墨家实现理想的事业，狭义指墨学教育。这广、狭二义在墨子那里是统一的。他的教育是"为义"的一个组成部分，教育服务于"为义"，从属于"为义"。而墨家的"为义"，也始终需要教育的配合。由墨子与后学组成的集团，既有教育的职能，又有"为义"从业的职能。然而教育和"为义"需要分工合作。只要是"为义"的必需，样样事情都要有人干，于是墨者的教育就来培养适应这种必需的人才。犹如筑墙，测量、修筑、打夯都需要，谁适合干什么就干什么。墨者"为义"的事业，需要"谈辩"、"说书"和"从事"三种人才。

"谈辩"一科，是学习谈话辩论的技巧方术，专门培养游说之士。"说书"一科，是解说讲习文化科学知识，专门培养学者、教师。"从事"一科，是学习从事农、工、商、兵等各种实际事业，专门培养农、工、商、兵各种实用人才。

墨子的教学方法，是系统讲授、日常对话和各种实际训练相结合。《墨子》一书，就是墨子教学的教材或演讲词的记录。从《尚贤》到《非命》十篇，是墨子社会政治学说的系统讲演记录。《非儒》、《耕柱》、《贵义》、《公孟》、《鲁问》等篇，是墨子和弟子们日常对话的记录。这种日常对话也是一种重要的教学方式。《墨经》和《备城门》诸篇，包含墨子弟子进行各种实验、实习的记录。墨子非常重视这种实际训练。

墨子的教育注重实行，学以致用。墨子说："士虽有学，而行为本焉。"（《修身》）这是墨子教育跟孔子不同的地方。《墨子》一书中有许多这方面的内容。墨子的"博学"，除"六艺"等传统文化知识外，还包括生产劳动和各门科学技术的知识。

墨子把学成的弟子推荐到各诸侯国做官，或从事其他事业，或留在墨者团体中。墨者团体像一个小社会，里面需要各式各样的专门人才。如大弟子禽滑厘是墨子的助手，协理全面工作。而耕柱子、高石子、胜绰、公尚过等则被派往楚、卫、齐、越等国去从政、从军。

弟子从政、从军后，如果表现不好，违背墨子学说，可能被召回，重新受教育。如胜绰做齐将项子牛的侍从，多次助齐伐鲁，被墨子请退训斥。说明弟子虽学成外出工作，仍受墨者团体纪律的约束。（《鲁问》）

弟子外出工作，要将一部分收入交纳墨者团体公用。受墨子赏识的弟子耕柱子到楚国做官，有几位老同学被墨子派到楚国办事，吃住于耕柱子处。他们觉得耕柱子招待不够丰厚，每天只供给三升粮食，吃不饱。于是回来报告墨子，说耕柱子在楚国没什么好处，他待我们很吝啬，还不如把他调回来！没过多久，耕柱子攒够二百两金子，恭恭敬敬地奉送给墨子，并说："学生工作做得不好，现有二百两金子奉献给老师，不成敬意，请笑纳。"墨子当即赞扬说："小伙子果然干得不错！"（《耕柱》）

高何、县子硕原是齐国有名的暴徒，其蛮横不讲理的暴虐行为，素为乡里人所痛恨，但是都拿他们没有办法。后来二人到墨子学堂里学习。索卢参原是东方闻名的巨奸大猾，无赖之徒，后来当禽滑厘的学生。他们三人本是"刑戮死辱之人"，但是在墨子、禽滑厘的严格教育下，同其他弟子一道"务进业"，"疾讽诵"，"称师以论道"，"尽力以光明"。最后竟奇迹般地被塑造为新人、学者。由此不仅"免于刑戮死辱"，并且成为"天下名士显人，以终其寿，王公大人从而礼之"。这种翻天覆地的变化，就是得力于墨者团体特殊的教和学的活动。（《吕氏春秋·尊师》）

墨子与墨学所组成的团体，有自觉的纲领，明确的组织形式和严密的纪律。其纲领是实现墨子的学说，他们叫做"为义"（实现理想事业）。其组织的成员称为"墨者"。（见《小取》、《庄子·天下》、《吕氏春秋·上德》、《去私》）他们有领袖（巨子）代代相传的制度。团体成员有严密的纪律约束（"墨者之法"），连日常生活制度，都有严格规定。《庄子·天下》说，墨子要求"后世之墨者""以裘褐为衣（身穿粗制衣），以跂蹻为服（脚登木麻鞋），日夜不休，以自苦为极"。谁受不了这种严格管束，就"不足谓墨"（不够资格当墨者）。其成员不仅要有知识，有专业技能，多数成员还接受军事训练，随时准备参军打仗，为实行仁义事业而献身。墨者团体是中国最早的民间结社。墨子后学在这个社团中，薪尽火传，代有新人，活动足迹遍神州。一直到秦朝统一，墨者团体才逐渐失掉其存在的价值，在中国的政治舞台上销声匿迹。

第四节　上说诸侯　下说列士　席不暇暖　墨突不黔
——游说和辩论

我国古代流行两个典故。一是"墨突不黔"（班固《答宾戏》）。意思是，墨子四处游说，东奔西走，他灶上的烟囱来不及熏黑，便又奔走他方。二是"墨子无暖席"（《文子·自然》，《淮南子·修务训》）。意思是，墨子忙于游说等社会活动，没有把席子坐暖，就动身往别处去。这是成语"席不暇暖"的来源。

墨子这位著名学者的主要活动，除了聚徒讲学之外，就是四处游说，八方辩论，以宣传自己的主张。墨子一生到处奔走，"遍从人而说之"，"上说诸侯，下说列士"。他认为"不强说人，人莫之知也"。（《公孟》）即不积极游说，人们就不会知道他的学说。

墨子的辛勤游说活动，常不被人理解。从墨子的反批评中，可以了解他的思想和品格。据《公孟》篇记载，儒家信徒公孟子批评墨子说："你到处游说，辛苦劳累有什么用？譬如美女，在家里不出门，人们争着娶她。如果到大街上到处奔走，要求别人娶她，别人反而不敢娶。"墨子反驳说："你的譬喻不当。现在世道混乱，求美女的人多，所以美女虽不出门，要求娶的人很多。但是求善的人少，如果不到处游说，人们就不知道自己的学说。"

《鲁问》篇记载，鲁国南部有一位隐士叫吴虑，夏天种地，冬天制陶，自比于舜。墨子就去访问他。而吴虑却抢先对墨子说："要推行仁义，自己干就行，何必到处游说演讲？"

墨子先跟吴虑讨论"仁义"的定义。墨子问吴虑："你所说的仁义，也是有力量就帮助人，有财产就分给别人吗？"

吴虑答："是的。"

于是墨子打比喻反驳说："我曾经慎重想过，如果我亲自耕种，搞得好，不过相当于一个农民的收获，并不能使天下饥饿的人都有饭吃。如果我亲自织布，搞得好，不过相当于一个妇女织的布，并不能使天下挨冻的人都有衣穿。如果我亲自穿上铠甲，拿着武器抵御侵略，搞得好，不过相当于一个战士的战斗力，并不能抵挡侵略者的大军。所以，我不如对上游说王公大人，他们听我的话，国家一定得到治理；对下游说老百姓，他们听我的话，行为一定端正。我虽不亲自耕织，而功劳却大于亲自耕织的人。再说，教人耕种的人比自己耕种的人功劳大；鼓励人战斗的人比自己战斗的人功劳大；教天下为义的人比自己为义的人功劳大。用游说鼓励众人推行仁义，我的仁义岂不是更多吗？"吴虑哑口无言。

墨子在游说和辩论中，为了增强说服力和言词的表达效果，特别注意进行严密的推理论证，并擅长运用譬喻等修辞手法。在以下各专题中，我们还可以看到墨子游说和辩论的生动场面。

第五节　墨者著书　众篇连续　薪尽火传　光照大千
——著作和流派

流传至今的《墨子》一书，是墨家的论文集，现存五十三篇。其中有不同的情况，需分别加以说明。

一、墨子和前期墨家的论著

《墨子》一书中有《尚贤》、《尚同》、《兼爱》、《非攻》、《节用》、《节葬》、《天志》、《明鬼》、《非乐》、《非命》等十个篇名，恰恰跟墨子学说中的十个论题相应（见本章第二节）。这十篇著作，内容多关政治伦理，是墨子就自己学说基本问题所作的系统讲演，由弟子们记录整理而成。因其中每篇分上中下，故十篇又细分为三十（现有缺佚）。其内容大同小异，可能是墨者不同派别的不同传本，而由后人编辑。这些著作是反映墨子学说的可靠材料。

《修身》、《法仪》、《七患》、《辞过》、《三辩》和《非儒》等篇，记载墨子政治伦理思想。《耕柱》、《贵义》、《公孟》、《鲁问》和《公输》等篇，体裁类似《论语》，多记墨子和后学、时人对话，为墨子言行录，是前期墨家可靠的传记资料。

《备城门》等十一篇军事论文，内容涉及守城兵员、兵器、军工和战略战术，用墨子和禽滑厘对话体裁写成。其中墨子名字共出现十二次，禽滑厘名字出现九次。禽滑厘被称为"子"，可见其中有墨子再传弟子、禽滑厘弟子加工整理的痕迹。里面可能包含有战国中后期墨子多传弟子补充的部分，基本思想可视为墨子和禽滑厘的共同创造。由于采用离滑厘提问、墨子回答的形式，所以看做墨子著作未尝不可，因为当时著作的传统，是由老师讲，弟子记录并加工整理而成。如《论语》是孔子弟子们记录孔子言行，虽不为孔子亲手所著，但代表孔子思想。《老子》一书由后学整理，其中可能有战国中期后学的补充，但基本思想可归之于春秋末期的老聃。

二、后期墨家的论著

墨子死后，墨者集团分裂为许多派别。他们除保持共同的组织形式（叫做墨者，并都以世代相传的"巨子"为共同领袖），宗奉墨子的基本学说（如兼爱等）外，还常就各种学术问题展开争鸣辩论。《韩非子·显学》篇说，墨子死后，墨家分为三派，有以相里氏、相夫氏、邓陵氏为代表的墨家派别，各执其见，都说自己这一派是正统的墨者。《庄子·天下》篇说，相里勤的弟子五侯等人，南方的墨者苦获、已齿和邓陵子等人，都共同诵读《墨经》，但在许多问题上有争论，都说对方是非正统的墨家。这种争论和相互指责，在一个学派的发展中是正常现象。

狭义《墨经》，包括《经》上下，《经说》上下，共四篇（西晋学者鲁胜持这种见解）。广义《墨经》，除这四篇外，还包括《大取》、《小取》两篇（清代学者汪中持这种见解）。不管是狭义或广义《墨经》，都是后期墨家的作品。因为它综合战国中后期百家争鸣的思想成果。这不是墨子和前期墨家（战国初期）所能创作出来。《墨经》内容除涉及政治、伦理外，还包括哲学、逻辑和其他各门科学知识，是墨学发展的崭新阶段，高级阶段。

《墨子》一书由历代墨者薪尽火传，一再加工整理，集体创作而成。时间跨度从战国初至战国末，即公元前五世纪至前三世纪的二百多年。它决不可能成于墨子一人之手，也非成于一时，而是墨家聚众人之力，经历相当长时期逐步编纂的结果。

三、《墨子》的流传

《墨子》一书能够流传到今天，要感谢东晋道教理论家葛洪（284~364）。葛氏道教著作《神仙传》述古代神仙故事，把墨子附会为道教神仙。他说"墨子年八十有二"，"入周狄山"

学道，修炼为"地仙"，到汉武帝（前156~前87）时尚存，"视其颜色，常如五十许人"。也就是说，活了好几百岁，竟然还像五十多岁的人。这自然是道教的迷信不经之谈。不过由此后世兼收《墨子》入《道藏》（道教经典总集）。所以尽管自魏晋以降，历经丧乱，群书散逸，而五十三篇《墨子》却赖以保护获存。这真是不幸中的万幸。墨者文章在，光焰万丈长。我们由此可一睹墨学之精深博大，异彩纷呈。

先秦人著作"书于竹帛"（《兼爱下》），即写在竹简或绢帛上。先秦留下的《墨子》竹帛之书，经过汉代人的编辑。汉成帝于公元前26年派刘向整理校勘先秦古籍（包括《墨子》在内），汉哀帝又叫刘向之子刘歆继续其父工作，他们使用的就是这种竹帛之书。经刘向、刘歆父子整理的《墨子》统一用绢帛书写。东汉班固《汉书·艺文志》著录"《墨子》七十一篇"，应该就是经过刘向、刘歆父子编辑整理的帛书《墨子》。后几经流传，至明代正统年间刊行《道藏》，内收《墨子》剩五十三篇。清代学者校注《墨子》，以明刊《道藏》本为底本。现存较好的校注本，是清代孙诒让《墨子间诂》。本书所引《墨子》原文，主要依据此本，并参校他书，融会本人多年研究成果。

第二章 奋力生产创财富
奇技淫巧成学问

——生产观和科技理论

第一节 人生处万类 生产最本分
——生产观

墨子与学具有生产观点，并以生产观点贯穿于学说始终。在"非乐"演讲中，有一段话阐述生产观：

今人固与禽兽、麋鹿、飞鸟、贞虫异者也。今之禽兽、麋鹿、飞鸟、贞虫，因其羽毛，以为衣裘；因其蹄爪，以为裤屦；因其水草，以为饮食；故唯使雄不耕稼树艺，雌亦不纺绩织纴，衣食之财，固已足矣。今人与此异者也，赖其力者生，不赖其力者不生。（《非乐上》）

这说明，人跟其他动物的本质区别，在于生产。动物是依靠自身肌体和周围自然界所提供的现成条件，来求生存。人则不然，人要依赖自己的力量，从事生产劳动，改变自然，创造财富，以求生存。

"赖其力者生，不赖其力者不生。"后学专门给"力"下定义："力，形之所以奋也。"（《经上》）"形"指形体、身体。《经上》又说："生，形与知处也。"一个有生命的人体，是形体和认识能力的结合。人心脏停止跳动，只有形体，而丧失认识能力，意味着死亡。《广雅·释诂》说："奋，动也。"力是一个有生命的人体之所以能够运动的源泉。或者说，力是人体运动的表现。《经说下》说："力，重之谓，下举重，奋也。"这是对《经上》"力"定义的举例说明。例如，人用力气举起一麻袋粮食，即由下而上"举重"，这一动作就表现"力"，用"力"。根据这个定义，一个有生命的，肢体正常的人都有"力"，都能劳动。

正由于此，墨家积极地劝人劳动。他们把劳动叫"从事"。认为"强从事"，则财用足。"不强从事，则财用不足"。（《非乐上》）墨子说：

强必富，不强必贫。强必饱，不强必饥。……强必暖，

不强必寒。故不敢怠倦。（《非命下》）

这可以说是墨子的"强力劝劳歌"。所谓"强"，就是积极勤勉，尽最大努力。"秉耒观时务，解颜劝农人。"墨子劝农一要尽量延长劳动时间，二要尽可能提高劳动强度："农夫早出暮入（起早贪黑），强乎耕稼树艺，多聚菽粟"，这是农夫的"分事"。农妇"夙兴夜寐，强乎纺绩织纴，多治麻丝葛绪"（《非命下》），这是农妇的"分事"。真是"蚕事正忙农事急，不知春色为谁妍"。《墨子》书中经常再现这种男耕女织的繁忙场面。

"晨兴理荒秽，戴月荷锄归。""衣食当须记，力耕不吾欺。"土地不会骗人，多付劳动，多得收获。墨子说："禁耕而求获也，富之说无可得焉。"（《节葬下》）禁止耕种，而想得收获；不劳动，而想求富，这是不能实现的谬想。

在所有的劳动生产中，墨子最重视农业生产（包括农民的家庭纺织业在内）。因为这是为了解决人民最迫切需要的吃饭穿衣问题。墨子说：

民有三患：饥者不得食，寒者不得衣，劳者不得息。三者民之巨患也。（《非乐上》）

> 凡五谷者，民之所仰也。
>
> 故食不可不务也，地不可不力也。
>
> 以时生财，固本而用财，则财足。
>
> 食者，国之宝也。（《七患》）

抓紧农时，尽可能发挥土地的潜力，这是务农生财之道。这里的"本"，指农业。把农业看作是国民经济的根本，这是墨子提出的重要经济思想。

在国民经济各部门劳动力的分配上，墨子主张应该有足够的劳动力从事农业生产。他说：

> 为者疾，食者寡，则岁无凶。为者缓，食者众，则岁无丰。（《七患》）
>
> 一人耕而九人处，则耕者不可以不益急矣。何故？则食者众而耕者寡也。（《贵义》）

从事农业生产的人多，吃饭消费的人少，等于增加社会财富。反之，则等于社会财富的减少。一人从事耕种，供给九个人吃饭消费，耕者将力不胜任，大家只有都饿肚子。

当然，其他的社会分工，如各种手工业者也应各尽所能。

墨子说："凡天下群百工、轮车、鞼匏、陶冶、梓匠，使各从事其所能。"（《节用中》）木工、制革工、制陶工、冶金工等各种手工业工人，强力"从事"，"修舟车，为器皿"，供给社会各种手工业制品。"商人之四方，市价倍蓰（数倍），虽有关梁之难，盗贼之危，必为之。"（《贵义》）商人虽然不创造财富，但他们不怕路途艰险，不惜遭遇匪祸，而强力"从事"，肩负着商品流通的职能。

墨家的生产观，贯穿于学说的始终，可以说是"吾道一以贯，生产当为先"。

墨子主张"尚贤"，即重用贤能。而"贤者治邑"，应劝民"早出暮入，耕稼树艺聚菽粟，是以菽粟多而民足乎食"。"以此谋事则得，举事则成，入守则固，出诛则强。"这样，国家就能由贫而富，由乱而治。（《尚贤中》）

墨子倡言"尚同"，即建立贤人的一统政治。由于这种"贤人"的一统政治"便利""万民"，万民"能强从事"，于是"万民之亲可得"，即政权可以得到老百姓的亲近拥护。（《尚同中》）

墨子"非攻"，即反对攻伐掠夺。他指出好战之国的统治者兴师攻伐，冬天嫌冷，夏天嫌热，于是选不冷不热的春秋两季进行。春季进行则"废民耕稼树艺"，秋季进行则"废民获敛"。只要因打仗耽误农民一个季节，"百姓饥寒冻馁而死者"

就"不可胜数"。攻守双方男不得耕，女不得织，专事攻守，这等于国家丧失最宝贵的劳动力，而老百姓则相当于改行，不能务自己所熟悉的本业。（《非攻中》、《耕柱》）

墨子力主"节葬"，即葬礼节俭。原因之一在于"厚葬久丧"影响生产，农夫"不能早出夜入，耕稼树艺"；农妇"不能夙兴夜寐，纺绩织纴"；"百工"（各种手工业者）"不能修舟车为器皿"。总之，妨碍生产的陋习应当革除。（《节葬下》）

墨子"非乐"，即反对大兴音乐。他认为"王公大人"大兴音乐，抽调大批青年男女劳动力，奏乐歌舞，"废贱人之从事"。"使丈夫为之，废丈夫耕稼树艺之时。使妇人为之，废妇人纺绩织纴之事。"而这等于"亏夺民衣食之财"，使老百姓陷于饥寒交迫的困境，真是"上不厌其乐，下不堪其苦"。（《非乐上》、《七患》）

墨子"非命"，即反对宿命论。他指出，如果相信命，就会"惰于从事"，不努力生产，因此导致"衣食之财不足，而饥寒冻馁之忧至"。在这种情况下，还不知道是由于自己"从事不疾"（不卖力气生产）的结果，而认为是命中注定："我命固且穷。"岂非可悲？（《非命》）

后学在《墨经》贯彻生产观点。他们十分注意从生产中概括各种理论，如从农业、手工业生产经验中总结几何学、力学、光学、机械学等知识。其中谈论的生产领域，就手工业而言，包括冶金、木工、刺绣、缝纫、制鞋等。他们谈论生产，津津有味，饱含亲切感情，丝毫没有儒家鄙视生产劳动和劳动人民的腐臭习气。

墨子与后学重视生产，具有强烈的生产意识，跟他们出身劳动阶层，并且不脱离劳动有关。

墨子与后学以身作则，"强力从事"。他们不怕吃苦受累。《庄子·天下》说墨子"生也勤，死也薄"（生时勤劳，死时薄葬），"将使后世之墨者，必自苦以股无胈，胫无毛，相进而已矣"。自我刻苦劳累到股瘦无白肉，胫突无细毛，枯瘦干瘪得像治水的夏禹那样，都不放弃自己的目标，还要互相鼓励向前。无怪乎他们要批评儒者"贪于饮食，惰于作务"的懒人作风。（《非儒》）

不过，墨子与后学也并不是取消休息，反对劳逸结合。墨子本人和禽滑厘累时，曾到泰山上喝酒吃肉休息，就是一例。《庄子·天下》所谓墨子要后学"日夜不休，以自苦为极"的话，可能包含文学夸张的成分。因为墨子曾反复申述在使"饥者得食"、"寒者得衣"的同时，也要使"劳者得息"（《非命下》），并把"劳者不得息"看作老百姓的"巨患"

之一，必欲解除之而后快。男子耕田虽是"早出暮入"，也总是还要"入"（回家休息），女人织布虽是"夙兴夜寐"，也总是还要"寐"（睡觉）。至于夫妇生活，"男女之事"，墨子更认为是合乎天理、"人情"，连"至圣"也"不能更"的自然规律。墨子批评儒家的"厚葬久丧"，"败男女之交"。认为如果想以此来求得人口兴旺，是办不到的。这就好像使人脖子上搁着利剑，却想求得长寿一样（譬犹使人负剑，而求其寿也）。（《辞过》、《节葬下》）

墨子认为这种"男女之交"是另一种生产，即人口的生产。因为当时地广人稀，有许多荒地没有开垦，再加上连年战争，人口锐减，更深感劳动力的不足。墨子常说攻伐是"杀所不足，争所有余"。（《非攻中》、《公输》）所以人口的生产，亦是当务之急。墨子经常把"人民之众"同"国家之富"、"刑政之治"并提，作为国家强大的一个标志。（《尚贤上》、《节葬下》、《非命上》）这是因为人少就不能扩大垦荒种植，也就不能生产更多的财富。因此墨子主张物质财富的生产和人口即劳动力的生产，应该同时并举，这是由当时社会的具体情况所决定的，非今日所能比。

第二节　穷原竟委探物理　奇技淫巧成学问
——生产实践和力学原理

　　墨子善制巧器，后学也多能工巧匠，手艺非凡。在墨子后学百科全书式的著作《墨经》中，有许多这方面的记载。

　　墨者曾从人的生产和生活实践中概括出力学原理。他们对"力"的概念，作出科学定义："力，形之所以奋也。"这里的"形"狭义指人的身体，广义指物体。力是物体运动的原因。并用重力和由下而上举重，作为用力做功的实例。由此出发，墨子后学还钻研简单机械运动中的力学规律。

一、从桔槔机的故事谈起

　　春秋末到战国时期，人们已逐步在生产实践中应用简单机械装置，提高生产效率，节省人力。当时流传一个故事。有一个老头儿，用瓦罐从井里提水浇菜园，一天才浇一小畦。有个政治家兼名家（即逻辑学家）的邓析（约公元前560~前501）路过这里，见此情景下车教他说："造一个机械装置，后边重，前边轻，叫做桔槔，一天可以浇一百畦，效率提高一百倍。"这位老头说："吾闻师言：'有机智之巧，必有机智之心。'我不为也。"这位老头看来信奉道家老子（约公元前 580~ 前 500）学说，他所说的"师"，指老子。

老子提出"绝学无忧"、"绝圣弃智"和"绝巧弃利"。他认为"民多利器，国家滋昏。人多技巧，奇物滋起"。他反对"机智"和"技巧"，反对动脑筋发明和应用新技术，而主张回复到质朴的原始状态，认为这样社会才能安定。

邓析则不然。他的观点类似古希腊的"智者"，讲究运用智慧、发明和利用新技术。在这点上，墨家跟邓析是一致的。

被尊为"圣者"的孔子，年轻时曾在贵族家中管理仓库、放牧牲畜。他到年老时回想这段历史，颇有感慨地说："吾少也贱，故多能鄙事。"又说："吾不试（不被国君任用），故艺。"（《论语·子罕》、《孟子·万章下》）他虽称多才多艺，但由于鄙视生产劳动，轻视劳动人民，所以对自然科学技术漠不关心，科学实验更谈不上。

受孔子思想影响，儒家把科学技术和科学实验斥为"奇技淫巧"。《礼记·王制》把"奇技"和"奇器"同"淫声"（淫荡的音乐）和"异服"（怪异的服装）相提并论。《书经·泰誓下》、《礼记·月令》把"奇技淫巧"视为同纵欲和淫乱一样的下流坏事。这种思想的流行，显然不利于中国科技和生产的发展。《庄子·天地》篇也有类似的思想资料：

子贡南游于楚，反于晋，过汉阴（汉水南岸），见一丈人，方将为圃畦。凿隧而入井，抱瓮而出灌。搰搰然用力甚多，而见功寡。子贡曰："有械于此，一日而浸百畦，用力甚寡而见功多。夫子不欲乎？"为圃者仰而视之曰："奈何？"（子贡）曰："凿木为机，后重前轻，挈水若抽，数如溢汤，其名为槔。"为圃者忿然作色而笑曰："吾闻之吾师，有机械者必有机事，有机事者必有机心。……吾非不知，羞而不为也。"

子贡是孔子"言语"一科的优秀生，很会说话，做外交工作很有成绩，做生意发了大财，"家累千金"（《史记·仲尼弟子列传》）。孔子曾对他有所批评，说他"不受命，而货殖焉"，即不安本分，去作投机生意。由于他见多识广，所以也曾顺便宣传桔槔这种新机械的好处。庄子（公元前369~前286）讲这个故事，是借那位保守老头儿的嘴，宣传道家反对技术革新的观点。

不过，在同一历史时期，有这两条材料介绍"桔槔"的新技术，说明这种技术在当时已经显示出它的优越性。所谓桔槔，是利用杠杆原理制造的起重机械。墨者对于能够省力气、有助于提高效率的器械，有一种特殊的职业敏感。他们对桔槔这种新技术自然乐于采用。如：

百步一井。井十瓮。以木为系连。水器容四斗到六斗者百。（《备城门》）

一步等于六尺。"系连"指桔槔。这是用桔槔做为抽水机。墨者又将汲水的桔槔加以改进，作为起重机、挖掘机或冲撞机。

城上之备：桔槔。（同上）

这是用桔槔作为筑城劳动中的起重机。

穴且遇，以桔槔冲之。

穴且遇，为桔槔，必以坚材为夫，以利斧施之，命有力者三人，用桔槔冲之。

桔槔为两夫，而旁狸其植，而敷钩其两端。（《备穴》）

这是用桔槔作为挖掘机和杀伤敌人的冲撞机。

墨者的特点是勤于实践，巧作实验，也善于总结，精研理论，兼有实践家的苦干精神和理论家的钻研精神。墨子遇事喜欢追本溯源，刨根问底。他有一个指导思想，即"察类明故"。（《非攻下》）故即原因、根据和理由。"明故"，就是问一个"为什么"。"是其故何也？""此其故何也？"
这类问话在墨子的议论中比比皆是。在涉及墨子的十几篇论
文中，"故"字竟出现四百一十多次。如墨子说，盗窃别人
的财产，"众闻则非之"，"上得且罚之"，这是什么原故呢？
回答是："因为盗窃别人财产是不劳而获的原故。"通过这
样一问一答，对问题的认识就深入一步。后学发扬墨子穷原
竟委、探明物理的科学精神，自觉地视明故究理为己任。《墨
经》说：

巧传则求其故。

故，所得而后成也。小故，有之不必然，无之必不然。若
尺有端。大故，有之必然，若见之成见也。

故，必待所为之成也。

他们认为对于墨者集团代代相传的技巧，不光是要知其
然，还要知其所以然。所谓故，即事物的原因、根据或产生
条件。从推理论证说是指前提、论据或理由。"小故"相当
于必要条件：有它不一定产生某一结果；没有它一定不会产
生某一结果。这是产生事物的部分原因。如有点不一定有线，
而没有点一定不成线。所以点是线的必要条件（部分原因）。

"大故"相当于充分条件（充分原因或充足理由）：有它一定产生某一结果。如有健全的视力、一定的亮度、一定的距离和被看的东西，则一定能看见。

《墨经》说：

> 以说出故。
>
> 说，所以明故也。

"说"是推理论证。它的任务是揭示一论题所以成立的理由。《墨经》的编制体例贯彻这一思想。其中《经上》是科学概念的定义和划分，《经下》是科学定理的列举和证明，《经说上》、《经说下》是对《经上》、《经下》的解释。《经下》共八十一条，列举各门科学八十一条定理，紧接着用"说在某某"的形式，指明这些定理之所以成立的理由，并在《经说下》相应的条目中加以展开。如说："桔槔可推广，说在用力少而见功多。"把它加以展开就是：

> 凡用力少而见功多可推广；
>
> 桔槔用力少而见功多；
>
> 所以，桔槔可推广。

这里，论题"桔槔可推广"之所以成立的"故"是"用力少而见功多"。为适应教学中记忆背诵的需要，《墨经》"说在"字样之后用以说明"故"的文字数目非常少。其中一个字的有四十三条，占一半多。两个字的有二十条，三个字以上的有十八条。这种简而又简的写作体例，的确便于诵读和记忆。

墨子后学发现八十一条定理的"故"。墨子同时代人、古希腊唯物主义哲学家德谟克里特（约前 460~前 370）说："只找到一个原因的解释，也比成为波斯人的王还好。"[①]墨子后学找到八十一个原因的解释，岂不比做八十一次波斯王还好？

墨子后学对桔槔之类的新技术，热衷于应用，穷原竟委，探明规律。《墨经》说：

负而不挠，说在胜。（《经下》）

横木加重焉，而不挠，极胜重也。右校交绳，无加焉而挠，极不胜重也。横加重于其一旁，必捶，权重相若也。相衡则本短标长。两加焉，重相若，则标必下。标得权也。（《经说下》）

《墨经》在这里就桔槔起重（汲水）的机理，揭示杠杆定律。

---

① 《古希腊罗马哲学》，商务印书馆一九六一年版，第103页。

杠杆是一种简单机械。就桔槔机而言，它是用一横杆 AB（横木），系连（交绳）于一立柱上端（支点 C）。如图（1）：

为利用杠杆做功，需调整支点 C 的位置（右校交绳），

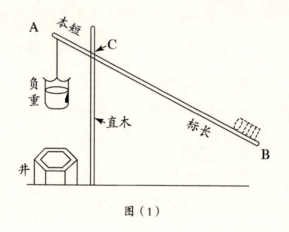

图（1）

让横杆"本短标长"。本是指负重提水的一端 AC。标是指用力的一端 BC。标长则重，本短则轻。一般还在标端绑一块石头，以加大标端的重量。汲水时，人把水桶放入井中，水灌满后松手，这时较重的标端不仅不会上翘，反而必然下降，水桶被自然翘起。《庄子·天运》说：

子独不见夫桔槔乎？引之则俯，舍之则仰。

"引之则俯"，指以人力牵引水桶于井中取水。"舍之则仰"，

指水桶已灌满水，一松手则水桶被自动提起。古人认为这其中包含微妙的道理。而《墨经》就对这一奥妙给出一定程度的定性和定量分析，揭示利用杠杆起重的力学规律。"负而不翘，说在胜"，是指本端 AC 已经负重，而标端 BC 不仅不上翘，反而"必下"，是由于标端重力矩"胜"过（大于）本端重力矩。由于桔槔机巧妙利用力学平衡的规律，所以就收到"用力少而见功多"的效果。

二、辘轳、滑轮和车梯

《墨子》中常提到修筑堤坝、堡垒、城墙和护城河等大型工程劳动。《大取》说："凡兴利除害也，其类在漏雍。"漏雍指修筑堤坝、堵溃漏的大型工程。《墨经》把重要的"为"（实践活动）分为六类，其中一类是筑堡（台）以图存的大型工程。《备城门》等篇更详论修筑城墙和护城河的大型工程。

在修堤、筑城等大型工程劳动中，除采用桔槔外，还应用滑轮、轮轴（辘轳）和车梯等。滑轮和轮轴属于杠杆类简单机械，车梯是利用斜面的简单机械。墨者畅论这类装置的结构、作用和原理。

1. 辘轳。墨者在工程中常用辘轳等轮轴装置。辘轳是绞车的雏形，属于轮轴类简单机械。利用它提升或牵引重物，

图（2）

可大为省力。图（2）是用辘轳提水的装置，修城挖洞可用它提土（《备穴》，见第五章第五节）。《备高临》篇说：

引弦辘轳收。

矢长十尺，以绳[系于]矢端，如弋射，以辘轳卷收。

这是把辘轳作为"连弩之车"的配套设备，用它拉开巨大的弩弦和牵引回收"弋射"的长箭。战时还可用辘轳牵引木箱，内藏勇士刺杀爬城敌人（《备蚁附》，第五章第五节）。

2. 滑轮。《墨经》解释应用滑轮以牵引升降重物的装置和原理：

挈与收反，说在权。（《经下》）

挈，有力也。引，无力也。不必所挈之止于斜也。绳制挈之也，若以锥刺之。挈，长重者下，短轻者上。上者愈得，下者愈亡。绳直，权重相若，则止矣。收，上者愈丧，下者愈得。上者权重尽，则遂挈。（《经说下》）

挈指提升，收指下降，引是重物被牵引，不升不降。提升重物，除了利用斜面，也可利用绳索穿滑轮之法。

如图（3）（甲）所示，将重物 W 和权 A 分别系于绳的两端，绳穿过定滑轮，由于权 A 重力的作用，将重物 W 提升至所需高度。这就是"长重者下，短轻者上。上者愈得，下者愈亡"的妙用。

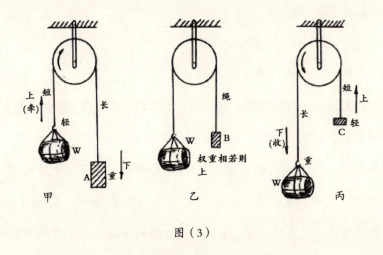

图（3）

下降重物的过程，则恰恰相反。如图（3）（丙）所示，用一个比重物 W 略轻的权 C，则凭借重物本身重力的作用，权会被提升向上，而重物则下降至所需位置。这就是"上者愈丧，下者愈得"的妙用。在这种情况下，如果再牵引重物上升，就需用力下拉权 C 这一端。这就是"上者权重尽，则遂挈"的意思。

当权 B 与重物 W 相等时，则滑轮停止转动，这就是"权重相若则止"。此时重物只是被牵引，不上不下，处在力的平衡状态。如图（3）（乙）所示。

由于使用滑轮装置牵引升降重物，既节约大量人力，又带来许多方便，故墨者对它津津乐道，极力提倡。滑轮还可与辘轳配合使用，作为起重牵引工具。

3. 车梯。《墨经》总结车梯这种利用斜面搬运重物的装置及其工作原理：

倚者不可正，说在梯。（《经下》）

两轮高，两轮为轻，车梯也。重其前，弦其前，载弦其轱，而悬重于其前。是梯，挈且挈则行。凡重，上弗挈，下弗收，旁弗劫，则下直。斜，或害之也。流梯者不得下直也。今也废石于平地，重不下，无旁也。若夫绳之引轱也，是犹自舟中引横也。倚：背、拒、牵、射。倚焉则不正。（《经说下》）

"倚"是倾斜，"正"指垂直。《法仪》："正以悬。"利用光滑斜面升降重物，施加的力等于物体重量沿斜面方向的分力，它总是比垂直升降重物省力。这就是斜面原理"倚而不可正"的含义。车梯是利用斜面原理的典型事例。"说在梯"即例如车梯。

车梯是当时由地面至高处（城墙、堡垒、堤坝等）搬运重物的器械，战时改造为攻城云梯。其结构是后两轮高而有辐，前两轮低而无辐。用一长木板架于前后轴上，构成斜面。车梯重心在车的前端，静止时在车前端仍需以绳索下悬重物，以便在装物或上人时保持平衡，不致后倾。如图（4）示意。

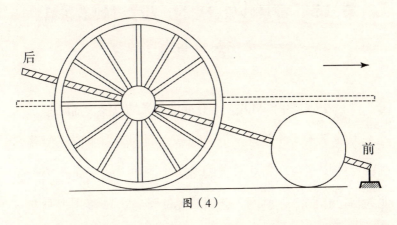

图（4）

如若将物或人由甲地搬运至乙地，则应把车前所悬重物撤除，以人力引车前行。如图（4）中虚线所示意。车行进途中，由于车后两轮负担了部分重量，自然比单由人力搬运省力。"若夫绳之引轴（车前横木）也，是犹自舟中引横也"，即比喻用车梯搬运重物的省力状。待车行至乙地，令车前端着地，悬以重物，车又恢复为斜面状，可利用斜面往高处搬运重物。这是何等省力和方便！

"背、拒、牵、射"等，是指常见的利用斜面的操作。人们早已从中体会到，利用斜面比利用垂直或平面操作更省力。

两千多年前的墨者，能够从当时生产实践中，初步总结简单机械的原理，这比起把那些视为"奇技淫巧"而不屑一顾的儒道学者们来说，不知要高明多少！

第三节　奇景妙象费思忖　光学睿智谱新篇
——光学实验和光学原理

一、中国最早幻灯片、小孔成像和光的直线传播原理

《韩非子·外储说左上》记载，周国国君听说一位著名画家，能用彩色颜料在豆荚的薄膜上画画儿。于是花重金聘他为自己作画。这种画工艺极其精微繁难，整整用去画家三年的时间，画成之后，拿给国君。国君一看，跟用漆抹的一样，仔细看了半天，也没看出画的究竟是什么，便大发雷霆。画家不慌不忙地说："您修筑一座暗室，在朝阳的一面墙上，凿一个小孔。当清晨太阳出来的时候，把画的豆荚放在小孔上观看。"国君照办。由于豆荚膜薄得透亮，通过早晨的阳光，竟映出五彩缤纷的大画面。龙蛇禽兽车马，各种生动情景无不备具，真是见所未见，美不胜收，国君因此特别欣赏。

这种由画家精工制作的，能放映彩色大画面的豆荚薄膜，是中国最早的幻灯片。墨子后学熟悉古人创造的类似工艺品。

于是在墨者团体的课堂上，实验室里，做起类似的光学实验。
《墨经》说：

影倒，在午（相交）有端（小孔）映影长，说在端。（《经下》）
光之入照若射（光直线传播犹如射出之箭）。下者之入也
高，高者之入也下。足蔽下光，故成影于上。首蔽上光，故成
影于下。在远近，有端，映于光，故影库内也。（《经说下》）

库即窟，暗室。在黑暗小屋朝阳的墙上，开一小孔。假定有
一个人，对着小孔，站在屋外。在阳光照射下，屋内相对的
墙上出现一倒立人影。光穿过小孔如射箭一样，是直线进行的。
人的头部遮住上面射来的光，成影在下边。人的足部遮住下
面射来的光，成影在上边，所以构成倒影，如图（5）。

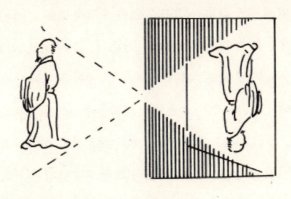

图（5）

这就是墨家所做的精确的小孔成像光学实验,通过实验,阐述光的直线传播原理。

二、庄子"罔两问影"寓言和本影、半影的实验分析

庄子在其著名的论文《齐物论》中说:

罔两问影曰:"曩(昔)子行,今子止。曩子坐,今子起。何其无特操(没有独立意志)与?"

影曰:"吾有待而然者邪!吾所待又有待而然者邪!恶识所以然?恶识所以不然?"

《寓言》篇又说:

众罔两问于影曰:"若向也俯,而今也仰。向也括,而今也披发。向也坐,而今也起。向也行,而今也止。何也?"

影曰:"叟叟也,奚稍问也?予有而不知其所以。予蜩甲也,蛇蜕也,似之而非也。火与日,吾屯(聚,生成)也。阴与夜,吾代(谢,息灭)也。彼(指形体)吾所以有待邪,而况乎以有待者乎?彼来则我与之来,彼往则我与之往。彼强阳则我与之强阳,强阳者又何以有问乎?"

在有两个以上光源的情况下，如庄子寓言说火与日等，一个物体相应地有两个以上的影子，影子互相重叠。重叠层次最多的部分，阴影最暗，叫作本影。这就是庄子寓言中的"影"，本影周围仅由一个光源所构成的阴影，暗度较浅，叫作半影，这就是庄子寓言中的"罔两"。半影也可以有两个、三个以上，所以庄子寓言说"众罔两"。

庄子的寓言，通过罔两与影的对话，表达他相对主义不可知论的哲学观点。

墨家就人们日常生活中司空见惯的本影、半影现象，进行光学实验，描述其规律。《墨经》说：

影二，说在重。（《经下》）

二光夹一光，一光者影也。（《经说下》）

《墨经》本影和半影的实验，如图（6）所示：

S_1 和 S_2 两个光源照在圆柱体上，后面两个光源都照射不到的、完全黑暗的阴影，是本影。在只有部分光源照射到

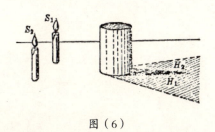

图（6）

45

的、半暗的阴影，是半影（H_1 和 H_2）。在两个光源都照射到的部分，则完全明亮，没有阴影。《墨经》的实验，说明重影形成的原因，是由于"二光"存在。二光所形成的阴影，中间夹着一个重影。如果有三个或三个以上光源照射，依此类推。《墨经》对本影和半影的实验解释，以光的直线传播原理为基础的，是光直线传播所形成的现象。墨子后学还研究物体成影长短大小的原因：

影之大小，说在斜正远近。（《经下》）

木斜，影短大。木正，影长小。光小于木，则影大于木。非独小也，远近。（《经说下》）

这是说明物体阴影大小、长短的形成原因，一是由于物体位置的正斜，二是光源的大小和远近。墨者用一根木头做实验。在光源不变的情况下，木正则影长小（窄），木斜则影短大（宽），如图（7）。

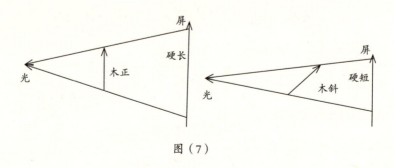

图（7）

"光小于木，则影大于木"，相反地，"光大于木，则影小于木"。光源距物体远，则影小；光源距物体近，则影大。如图（8）。

墨者还实验和描述光的反射现象：

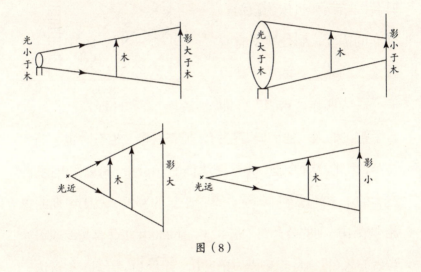

图（8）

影迎日，说在转。（《经下》）

日之光反烛人，则影在日与人之间。（《经说下》）

这个实验的设计是，迎着阳光竖立一平面镜（当时用青铜镜）。人站在镜前，阴影位于太阳和人体之间，也就是"影迎日"。"说在转"，即指出这一实验的关键，在于有一反射镜将日光反转（反射）。如图（9）。

三、辩者悖论"飞鸟之影未尝动"的光学解释

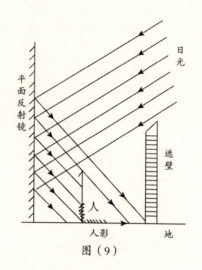

图（9）

战国时期，是中国古代百家争鸣最繁荣的时期，当时各国诸侯和贵族为政治、外交的需要，到处搜罗有一技之长的士人、能人。其中有一种人叫作"辩者"，即善于辩论的人。他们口若悬河，能言善辩。但有时也善巧言诡辩，因此，这种人能为国君卿相的任何政策、措施作出论证。辩者的本领经过专门训练。春秋末年的邓析、战国中期的惠施和战国后期的公孙龙（前325~前250年），都是专职培养辩者的著名老师。他们先后出过几十个题目，组织学生辩论。有的题目非常奇怪，但确实引人入胜，并有一定难度。

有一个题目是"飞鸟之影未尝（曾经）动"。根据常识，人们就知道这是一个自相矛盾的论点，或者说是一个悖论。鸟飞，影子自然也跟着动。鸟飞多快，影子移动也多快。人们常说"形影不离"、"如影随形"。谁能够想象鸟在飞，而影子从来没有动过？但古人确实就这个问题展开长期的辩论。

这个辩题载在《庄子·天下》篇，是"天下之辩者"和

辩者首领惠施的辩论内容。后来的辩者同样喜欢辩论这个题目。墨子后学曾为其作出新的论证。

墨子后学是近乎百科全书式的学者，有丰富的知识。他们经常同各家探讨学问，互相吸取智慧。他们既能用科学知识批评辩者的诡辩，也能为辩者的诡辩寻找一定根据。《墨经》说：

影不徙，说在改为。（《经下》）
光至影无。若在，尽古息。（《经说下》）

墨者"影不徙"，跟辩者"飞鸟之影未尝动也"的意思一致。所不同的是，墨者通过试验，利用光的直线传播原理对命题给予论证。而辩者只是对命题进行抽象思辨。墨者指出，平常所看到的影子移动，只是现象，而实际上影子是不动的。如图（10）示意。他们把鸟飞影动的连续过程作无穷分割。在一个确定的时间和空间，某一个影是不动的。当飞鸟处于A点时，鸟体遮光于地面C处成影。而C处的影子是不会迁徙、移动的，移动的是鸟。

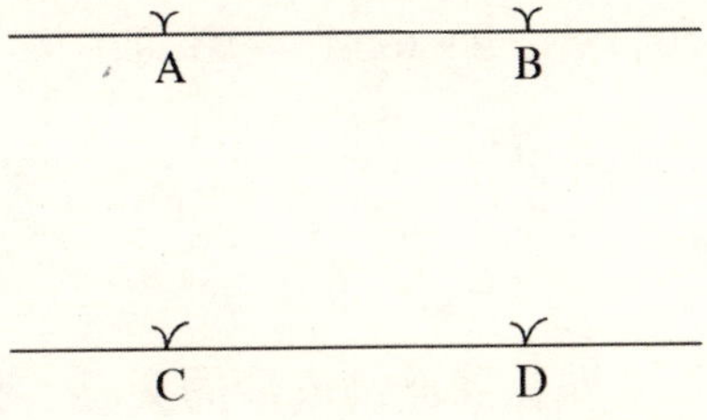

图（10）

在鸟飞的前方有一点B，当鸟从A点飞离时，A点无鸟体遮光，也就在C处无影。墨者用归谬法证明，如果光线照到了，影子还在那里，并且永远在那里，这是不可能的。当鸟飞至B点时，又在B点遮光，于地面D处成影。依此类推，如此旧影消失、新影产生的过程连续进行。墨者认为理解这一问题的关键，在于鸟和光源相对位置的改变（"说在改为"）。

墨者和辩者的想法，预示照相和电影拷贝的技术发明。对着"飞鸟之影"拍一张照片，或拍一个电影镜头，冲洗出来一看，它是不动的。这也正是"飞鸟之影未尝动"或"影不徙"论题的本来含义。现在我们可以借助照相和电影技术，形象直观地把握这一论题，但尚无这种技术的古代人，却只能靠思辨和科学想象在头脑中加以把握。辩者"飞鸟之影未尝动"的命题，涉及对运动本质的理解。运动是间断性（每一瞬间物体在某一个地方）和连续性（每一瞬间又不在某一个地方）的统一。而该命题只表达运动矛盾本性的一个侧面和特征，即飞鸟在一瞬间在某一个地方，并没有全面揭示运动的本性。

四、球面镜成像的观察实验和科学说明

古人说："以镜自照见形容。"古代的镜子，又叫鉴或

鉴燧，用青铜制造，其中凹面镜可兼用作向日取火的工具。我国古代有十分古老和发达的铜镜制造技术。公元前 12 世纪前半叶，商朝国王武丁，有一个貌美能干的宠妃叫妇好，生前非常喜欢照镜子。1976 年在河南安阳小屯村西北，发掘妇好墓，曾出土精制铜镜 4 面。这自然是她用过的心爱之物，幻想升天后继续使用。我国出土商周以后的青铜镜，为数很多。

墨者集团适应当时生产和使用青铜镜的需要，对镜面成像做种种观察实验，给予理论说明。

1. 凸面镜成像及其规律。《墨经》说：

鉴团，影一。（《经下》）

鉴者近，则所鉴大，影亦大。其远，所鉴小，影亦小。而必正。（《经说下》）

这是关于凸面镜成像的实验记录和正确的理论说明。《说文》："团，圆也"。圆指球体。"鉴团"指凸面镜。对凸面镜而言，物体无论距离镜面远近，都只能在镜的另一侧构成一个正立、缩小的虚像。所以是"影一"，"而必正"。当人从镜面由近至远离去时，镜后的像也由大变小，以至于看不见。反之亦然。所以说"鉴者近，影亦大。其远，影亦小"。如图（11），其中1、2、3、表示人站的位置，1′、2′、3′表示镜后正立、缩小的虚像。

2. 凹面镜成像及其规律。《墨经》说：

鉴团，影一小而易（倒），一大而正。说在中之内外。（《经下》）

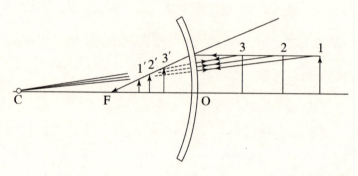

图（11）

中之内：鉴者近中，则所鉴大，影亦大。远中，则所鉴小，影亦小，而必正。

中之外：鉴者近中，则所鉴大，影亦大。远中，则所鉴小，影亦小，而必易。（《经说下》）

这是对凹面镜成像的实验记录和理论说明。如果向一面镜面凹凸不平的特制玻璃镜走去，会映出奇形怪状的人像，博人发笑，这种镜叫作"哈哈镜"。墨者的实验虽不是用的哈哈镜，也颇引人兴味。试想，墨者在我们面前放一个相当大的

青铜凹面镜，我们从镜前远处缓慢走向镜面，就会看见自己
小而倒立的像自焦点迎面走来（像逐渐由小变大）。如图（12）
中的1、2、3和1′、2′、3′等。我们走近球面中心时，人
像仍然小而倒，但逐渐模糊以至看不见（因像在离自己眼睛
不到二十五厘米的地方，小于人的视距）。待人走到球面中
心时，像就成在这里，好比把物体放在眼球上，自然看不到，
如图（12）中的4。我们继续前行，大而倒立的像成在人体后面，
也看不到。我们过焦点向镜面走去，却可以在镜后看到大而
正立的虚像（像逐渐由大变小）。如图（12）中的5、6和5′、
6′。在两千多年前，墨者能作出如此精确的实验和正确的理
论说明，难能可贵。

3. 球面镜成像的一般规律和特殊规律。《墨经》说：

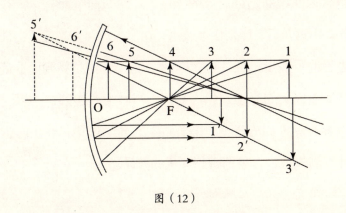

图（12）

临鉴而立，影倒，多而寡少。（《经下》）

人正对球面镜站着，或形成倒立的像（这是凹面镜的特殊规律），或形成缩小的像（这是凸面镜的特殊规律），又说：

正鉴，影多寡（大小）、貌态、白黑（明暗）、远近、斜（倒）正异于光。鉴影当俱，就去亦当俱，俱用背。（《经说下》）

就是说，正对球面镜站着，成像的大小、形态面貌、明暗程度、远近、正倒都与原形有差别。这里把成像的各种现象包罗无遗。又指出，物体在镜前运动，一定会在镜中形成一个像，镜和像同时存在。物体在镜前运动，像也相应运动，而且物体和像的运动方向正好相反。就凸面镜而言，人由远向镜面趋近，像也从远向镜面趋近。如图（11）。就凹面镜而言，人在焦点外，由远及近，像则由近及远；在焦点内，人趋近于镜面，像也趋近于镜面。如图（12）。《墨经》的概括精到而准确。

《墨经》的光学知识，来源于当时生产实践，并以这些知识去答复人们的咨询。墨子后学的光学理论，在当时世界上处于领先地位，可谓神州文化的珍品。

第四节　能工巧匠勤切磋　科技理论代代传
——工匠技艺和数学知识

墨子有一次科学演讲，题目叫《法仪》。其中说：

天下从事者，不可以无法仪。无法仪而其事能成者，无
有也。虽至士之为将相，皆有法。虽至百工从事者，亦皆有法。
百工为方以矩，为圆以规，直以绳，正以悬，平以水。无巧工、
不巧工，皆以此五者为法。巧者能中之，不巧者虽不能中，
仿依以从事，犹愈己。故百工从事，皆有法所度。

法，义指标准，引申为法则（规律）、方法。不同手工业工
匠各有自己特殊的技巧，但都要遵守共同的标准、法则，运
用普遍的方法。如制方要用矩尺，因为它合乎方的规律（角
为 90 度）。制圆要用圆规，因为它合乎圆的定义（一个圆心，
所有半径同长）。取直要绷紧细绳弹墨线，因为它合乎"两
点之间直线最短"的定理。取垂直要以悬挂的垂线为标准，
因为悬锤拉紧之线无处不垂直。《经下》说："正而不可倚，
说在团。"《经说下》："丸无所处而不中悬，团也。"以
悬垂的金属圆球拉紧的直线具有垂直的性质。取平要用水平

仪，因为水为流体，易于自然平衡。这五种标准，是一切工匠都必须遵从的普遍法则。巧匠的巧，恰恰在于所制工件合乎标准。不巧的工匠，模仿这五种标准依葫芦画瓢，也比凭自己的主观想象和意愿工作要好得多。各种手工业工匠做事，要有共同遵守的法则。从士到将、相自然也是如比。墨子在这里阐述法则、方法的作用。

墨家在理论上和实践中都非常重视"法"。墨子在中国历史上最早提出"法则"、"方法"的概念。他解释《诗经·大雅》"顺帝之则"说："帝善其顺法则也。"这是"法则"一词的出处。他又说：

> 匠人亦操其矩，将以量度天下之方与不方也。曰：中吾矩者，谓之方。不中吾矩者，谓之不方。是以方与不方，皆可得而知之。此其故何？则方法明也。（《天志中》）

这是"方法"一词的出处。"方法"最早特指匠人为方之法，后来才指普遍的方法。墨子的说法是从工匠的经验中悟出的。由此，"法则"和"方法"的概念，逐渐流行开来，成为今天使用频率甚高的两个语词。

墨子后学在教学中，继续讨论"法"的性质和作用。在他们的教材《墨经》中说道：

> 法，所若而然也。意、规、圆三也，俱可以为法。
>
> 循，所然也。然也者民若法也。
>
> 法同则观其同。法取同，观巧传。
>
> 一法之相与也，尽类。若方之相合也，说在方。
>
> 方尽类，俱有法而异。或木或石，不害其方之相合也。
>
> 尽类犹方也。物俱然。

法则，是遵循着它就达到预期结果。如凭借圆的定义、圆规、一个圆形的实物，都可以制成一个圆。具有相同法则的事物，就考察其相同的法则。在墨者代代相传的技巧中，有很多相同法则的事例。跟一个法则相符合的事物，就归入一类。例如方形或方体，它们的角都是 90 度，都可以用矩尺量度制作。方形或方体，都可以归入"方"类。它们都遵循制方的法则，而各有形体大小或质料的不同。木工制作一块方木，石匠凿出一块方石，角都是 90 度，都可以用矩尺量度。考察其他事物法则的普遍性或特殊性，可以依此类推。

　　墨子后学勤于切磋能工巧匠的经验，并注重学习前人的知识，从中概括多门科学技术理论。仅就数学，特别是几何学来说，《墨经》中就有许多具有永久意义的思想。试看以下定义：

平，同高也。（水平是指有同样的高度）

同长，以正相尽也。楗与框之同长也。（同样长度，是指两个东西，跟作为标准的第三个东西完全重合，不多不少。如门栓和门框同样长度）

中，同长也。中心，自是往相若也。（圆心，是从这一点出发，到圆的边界都同样长度）

圆，一中同长也。圆，规写交也。（圆是一个中心，到边界距离都等长。它是用圆规旋转一周所画出的封闭曲线）

方，柱、隅四权也。方，矩写交也。（方是四边四角相等。它是用矩尺画出的封闭图形）

倍，为二也。（倍是用二乘所得之数）

这些思想与西方大约同时期的欧几里得几何学是一致的。

《墨经》还发现和证明复杂的几何定理。如：

直，三也。（三点在一直线上，等于说三点中有一点，恰好介于其余两点之间）

圆无直。（一圆周上任何三点，都不在一条直线上）

由于《墨经》的写作体例是极其简明的经体，决定其对几何概念和理论的表达十分简约，而且没有数学的符号、方程式和图解，但其基本思想与西方的科学理论是相符的。德国数学家希尔伯特（David Hilbert，1862~1943 年）于 1899 年出版《几何基础》一书，把欧几里得几何学整理为从公理出发的演绎系统。根据这个系统：

设有同在一直线上的三点，则我们从经验上知道，有一点介于其余两点之间。

若 B 点介于 A 和 C 两点之间，则 A、B、C 是一直线上的三个不同的点。

对于任何不同的 A 和 B 两点，在直线上至少有一点 C，使得 B 介于 A 和 C 之间。

在一直线上任何不同的三点中，至多有一点介于其余两点之间。

如图（13）：关于直线和圆的关系，有

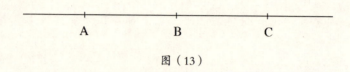

图（13）

定理：一直线与一圆的公共点不能多于两个。

推论：无圆能通过同在一直线上的三点。

如图（14）。

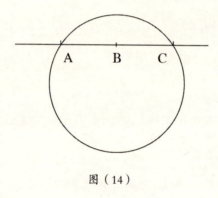

图（14）

墨者的几何定理，同西方的科学思想十分吻合。古今中西，何其相似，自有贯通。这说明科学没有国界，不分民族，并且只要是科学，也总有某种超越时代的价值。墨家的科技理论，是墨家思想体系中的重要内容，在世界科技史和文化史中占有一席之地。

第三章　节俭则昌　淫逸则亡

——节约观和非乐论

第一节　节用节葬劳唇舌　斥责浪费虑民生
——节约观

墨子节约观很出名。司马迁评价墨子的基本思想之一是"为节用"，即提倡节制消费（《史记·孟子荀卿列传》）。司马谈称墨子"强本节用"（加强农业生产，节制消费），是"人给家足之道"，是"墨子之所长，虽百家弗能废"。（《史记·太史公自序》）司马迁父子把墨子的生产和节约思想，视为使人们丰衣足食，家用充裕的途经，把这看作是墨子的长处，是其他各学派都无法否定的真理。荀子说："墨术诚行，则天下尚俭。"（《荀子·富国》）即如果真的实行墨子的思想，则天下的人都会崇尚节俭。

墨子作过"节用"和"节葬"的学术游说。节用指节约开支,节制消费。节葬是丧仪从简,反对浪费。墨子有经济学家的眼光,他说,社会财富差不多有一半被浪费,如果"去其无用之费",免除一切浪费,则社会财富等于增加一倍。

居安思危,戒奢以俭。节用储蓄,以备凶灾。墨子认为,社会财富不能都被消费,应该有必要的储备,以应付经常发生的战乱和灾荒。他说:"仓无备粟,不可以待凶饥。库无备兵,虽有义不能征无义。""国襦寇敌则伤,民见凶饥则亡:此皆备不具之罪也。""故备者国之重也。"备即储备,储存粮食和兵器以备战争和荒年。

在提倡节用的同时,墨子明确表示反对奢侈浪费。在"节用"、"节葬"的游说中,把批评的矛头直接指向当时高层统治者,这是墨子思想人民性和战斗性的表现。他认为,当时统治者在衣服、饮食、宫室、舟车、丧葬诸方面,都存在着严重的浪费现象,对这些现象一一加以剖析,严厉斥责。

穿衣,本来是为"适身体,和肌肤",而当时的统治者穿衣服,"非为身体,皆为观好",所以一味追求豪华。这是"殚财劳力",而"毕归之于无用"。他们为了置办"锦绣文采靡曼之衣","铸金以为钩,珠玉以为珮,女工作文采,男工作刻镂"。他们这样做,等于剥夺老百姓的"衣食之财"。

另一方面，他们穿衣服这样奢侈浪费，自然会骄纵难谏。

"金樽美酒千人血，玉盘佳肴万姓膏。"当时国君拼命搜刮老百姓，为自己置办"美食刍豢，蒸炙鱼鳖"。吃一餐饭，要摆上几十上百的大盘小碗，布满一丈见方的桌面。"目不能遍视，手不能遍操，口不能遍味。"国君的饮食如此奢侈，其左右的人都竞相仿效，这不知要迫使多少老百姓饥饿无食。

住房，本来是为避潮湿，御风寒，"足以别男女之礼"。而当时的君主，却征发老百姓为他们营造宫室。"台榭曲直之望，青黄刻镂之饰"，极尽豪华。上行下效，势必导致国家混乱。

交通工具，本来只要能"全固轻利"，足以"任重致远"。但当时君主却拼命搜刮百姓，"饰车以文采，饰舟以刻镂"。征发男子修刻镂，则不能耕稼；征发女子修文采，则不能纺织。左右大臣仿效，于是百姓"饥寒并至"，国家大乱。

因当时统治者丧葬特别讲排场，所以墨子曾专就这个题目作系统讲演。他说："此存乎王公大人有丧者"，"棺椁必重，葬埋必厚，衣衾必多……丘垄必巨"。"诸侯死者，虚府库，金玉珠玑比乎身"，"车马藏乎圹，又必多为屋幕，鼎鼓几筵壶鉴，戈剑羽旄齿革，挟而埋之"，"送死若徙"。把他们死前奢侈生活之所需，全部埋入地下，埋葬就像大搬家。

近年出土文物证实，墨子对统治者厚葬靡财的揭露，是符合事实。1978 年，在湖北随县城关西北五里擂鼓墩，发现战国初曾国君主曾侯乙大墓。出土文物达七千多件，其中青铜器二百五十多件，编钟六十四件。编钟悬挂在三层钟架上。钟架为铜木结构，呈曲尺形。西边架长七点四八米、高二点六五米，南边的架长三点三五米、高二点七三米，木质架梁，在黑漆地上满绘红、黄色图案，两端套着浮雕或透雕的龙鸟和花瓣形象的青铜套，起装饰和加固作用。中下层架梁的两端和曲尺形的交接处，分别由三个佩剑铜人用头和双手承顶，下层铜人立于高三十五厘米、直径八十厘米的雕龙圆铜座上。钟架结构精美牢固，承重五千多斤，历两千多年而不倒。出土文物中还有大量青铜兵器，如戈、矛、戟、箭、弓、盾、甲等，共四千五百多件，车马器一千多件，足够武装一支大部队用。

曾国是小国，建都西阳（今河南光山县西南），占有今湖北随县到安陆一带。小国国君死，丧葬尚且如此靡费，大国国君和其他统治者的侈靡情况，可想而知。

"富贵者奢侈，孤寡者冻馁。"（《辞过》）"上不厌其乐，下不堪其苦。"（《七患》）墨子直言不讳地指责统治者，警告他们说："俭节则昌，淫逸则亡。"（《辞过》）这与儒家"为尊者讳"的护短态度，恰成鲜明对照。

第二节 齐康公兴万人乐舞 子墨子施非乐雄辩
——非乐论

"非乐"即反对大办乐舞。这是墨子学说中的基本观点。他以雄辩的口才，就这个问题作长篇系统演讲。他在演讲中分析一个典型事例：

齐康公兴乐《万》（因需万人演奏歌舞故名）。万人不可衣短褐，不可食糠糟。曰："食饮不美，面目颜色不足视也。衣服不美，身体从容不足观也。"是以食必粱肉，衣必文绣，此常不从事乎衣食之财，而常食乎人者也。是故子墨子曰：今王公大人，惟毋为乐，亏夺民衣食之财，以拊乐如此多也。（见《非乐上》）

齐国康公于公元前 404 至前 379 年在位，是墨子同时代人。齐国为墨子家乡鲁国北方的邻国，是一个富庶大国，有作乐传统。《战国策·齐策一》说："临淄（齐国都）甚富而实，其民无不吹竽、鼓瑟、击筑、弹琴。"墨子"非乐"的矛头，针对恣意淫乐的统治者。据史书记载，大兴万人乐舞的齐康公，是"淫于酒、妇人，不听政"的昏庸国君。（《史记·田

敬仲完世家》）

当时统治者作乐规模庞大，超出今人想象。齐康公创作乐舞《万》，需由万名演员来表演。其场面的宏伟壮观，可与现代大型体育比赛的开幕式相媲美。

"非乐"是墨子"强本节用"思想的必然引申，也是其为民兴利除害思想的一个侧面。从生产观点说，墨子认为直接从事生产的人应尽可能多，而脱离生产、单纯消费的人应尽可能少。《七患》说："为者疾，食者寡，则岁无凶。为者缓，食者众，则岁无丰。"墨子就齐康公兴乐进一步说：

今王公大人，唯毋处高台厚榭之上而视之，钟犹是延鼎也。弗撞击，将何乐得焉哉？其说将必撞击之。惟勿撞击，将必不使老与迟者。老与迟者，耳目不聪明，股肱不毕强，声不和调，明不转朴。将必使当年，因其耳目之聪明，股肱之毕强，声之和调，明之转变。使丈夫为之，废丈夫耕稼树艺之时；使妇人为之，废妇人纺绩织纴之事。

像齐康公这样的王公大人，在高台厚榭之上观赏大型乐舞场面，如果没有众多的演员演奏那些分门别类、排列有序的乐器，乐器不能自动发声，无快乐美感可言。不撞击，那一排排的编钟不过像是一些底朝上、口朝下的大锅而已，何乐可言？这些演员决不能是老年人和动作表情迟钝的人。他们耳不聪、目不明，身体不健壮灵巧，声音不协调，眼珠子转得不灵活，眉目不能传情，所以一定要挑选年轻貌美的人。叫男青年干，会误务农的时机；叫女青年干，会误纺纱织布。成千上万的演员，从生产中游离出来，这不是劳动力的巨大浪费吗？"民有三患，饥者不得食，寒者不得衣，劳者不得息。三者民之巨患也。"老百姓饥寒交迫，只能靠种地织布等生产劳动来解决，用众多演员来"撞巨钟、击鸣鼓、弹琴瑟、吹竽笙"，手执盾牌、长矛、斧钺，跳武士舞，演奏宫廷乐舞靡靡之音，不能创造"衣食之财"。至于休息的问题，只要统治者不给老百姓额外增加负担，也能得以缓解。统治者征发"徒役"，以治"宫室观乐"，民不堪劳苦，休息的问题哪里还谈得上？

墨子把宣传"非乐"，作为他仁义事业的组成部分。"仁者之事，必务求兴天下之利，除天下之害，将以为法乎天下，利人乎即为，不利人乎即止。"反对像齐康公这样大肆兴乐害民，是墨子对当时统治者奢侈生活的斥责，反映在死亡线上挣扎的劳动者心愿。

墨子反对统治者兴乐害民的同时，走到另一个极端，企图禁止一切音乐。即"当在乐之为物，将不可不禁而止也"。

（《非乐上》）这犹如在泼洗澡水时，把小孩子也泼出去。

墨子主张言行一致，说到做到。他自然以身作则不涉足音乐。《庄子·天下》说墨子"生不歌"。遍读墨子书，没有发现墨子欣赏音乐的事例。他只是在理论上承认，人的耳朵听到"大钟、鸣鼓、琴瑟、竽笙之声"，也"知其乐"。后学说："以乐为利其子，而为其子欲之，爱其子也。以乐为利其子，而为其子求之，非利其子也。"对音乐的向往，顶多是脑子里想一想（"欲"），决不能变为"求乐"的行动。墨子后学在许多方面冲破墨子的局限，思想大有发展，但在音乐领域里，终未走出墨子"非乐"的束缚。

第三节　少乐非乐　墨子强争辩　乐以为乐　墨子巧曲解
——论辩例析

墨子提出"非乐"论的出发点，是揭露当时统治者的享乐无度。从艺术的观点来看，他的"非乐"论是片面、错误的，比起儒家的音乐理论来，是一种倒退，不合人情事理。墨子千方百计为自己的观点辩护：

非乐者，非以大钟、鸣鼓、琴瑟、竽笙之声，以为不乐也。

非以刻镂文章之色，以为不美也。非以刍豢煎炙之味，以为不甘也。非以高台厚榭邃野之居，以为不安也。虽身知其安也，口知其甘也，目知其美也，耳知其乐也，然上考之不中圣王之事，下度之不中万民之利，是故子墨子曰：为乐非也。

在这段话中，我们看到墨子的自相矛盾，甚至于强辩。既然承认钟鼓、琴瑟、竽笙之类的乐器演奏出来的音乐，悦耳动听，令人快乐，那就不能否定一切音乐。

墨子说话有一个毛病，即无论什么论点，都要从老祖宗那里寻找根据。在他提出的思考表达三原则（三表法）中，第一条就是"上本之于古者圣王之事"。（《非命上》）他建立一个论题"非乐"，当然也要从"古者圣王"那里寻找根据。因此，他说，尽管音乐动听，令人快乐，但"上考之不中圣王之事"，即从上边寻找根据，不合乎古代圣王的办事原则，所以应该"非"（反对）。从这个说法中，自然可以引申出一个论断，就是古代圣王说的都是对的，古代圣王没有说的，现在也不能说。这个论断是错误的。它跟墨子"古之善者则述之，今之善者则作之，欲善之益多也"的说法，是矛盾的。墨子后学纠正墨子的错误，承认历史是发展的，今天比古代复杂。尧善于治理古代，却未必能治理现代。（见

《经说下》）

当时有一位儒者叫程子（程繁），看出墨子"非乐"论中的矛盾，便列举事实反驳墨子的"圣王不为乐"论：

> 昔诸侯倦于听治，息于钟鼓之乐。士大夫倦于听治，息于竽瑟之乐。农夫春耕夏耘，秋敛冬藏，息于瓴缶（瓦器）之乐。今夫子曰："圣王不为乐。"此譬之犹马驾而不脱，弓张而不弛，毋乃非有血气者之所不能至邪？（《三辩》）

程繁的论点是"圣王有乐"，这合乎历史事实。不仅圣王有乐，从诸侯、士大夫到农民各阶层的人都有自己的音乐。如果完全否定音乐，就像马驾车而不卸套，弓满张而不松弛，这是有生命的人所办不到的。

墨子在辩论中不得不承认尧、舜、汤、武王、成王这些古代圣王，都各自"作乐"的事实。于是程子穷追不舍，诘问墨子：

> 子曰："圣王无乐。"此亦乐已，若之何其谓"圣王无乐"也？

即您说圣王没有音乐，但您刚才说的也是音乐，怎么能说"圣王没有音乐"呢？墨子被追问得没有办法，强词夺理说：

圣王之命也，多者寡之。食之利也，以知饥而食之者，智也，固为无智矣。今圣王有乐而少，此亦无也。（《三辩》）

即圣王的意思是，如果音乐搞多了不好，就让它少一点。圣王搞了音乐，但搞得比较少。既然搞得比较少，那就等于没有。这就像一个人，知道肚子饿了要吃饭，如果要把这也算作知识的话，也只能算是少知（知识很少），而少知也可以说是无知（没有知识）。

墨子把"少"说成"无"，是偷换概念，而他平时很注意区分不同概念。他把在辩论中要注意区分概念的原则，叫做"察类"。谁违反这个原则，他就批评："子未察吾言之类。"比如，他把"攻"和"诛"两概念区别开来，说"非攻"（反对大国对小国的攻伐掠夺战争），但并不反对以有义之师"诛讨"无义之师。（《非攻下》）又如他把"告"和"毁"

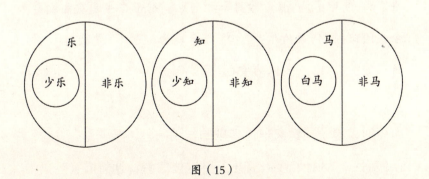

图（15）

71

的概念区别开来。他说他对儒者的批评是"告"（告诉），而并不是"毁"（诋毁）。但在这次同程子的辩论中，墨子违背自己一向坚持的"察类"原则，把"少"强辩成"无"。所谓"少乐非乐"（少乐不是乐）和"少知非知"（少知不是知），与古代辩者公孙龙"白马非马"（白马不是马）的论辩在一定程度上相类似。

从概念的包含关系说，"少乐"是属于"乐"，而不是属于"非乐"。"少知"是属于"知"而不属于"非知"（无知）。正如"白马"属于马，而不是属于"非马"。如图（15）。

墨子除了"少乐非乐"的论辩外，还有批评儒家"乐以为乐"的妙论：

子墨子问于儒者曰："何故为乐？"曰："乐以为乐也。"子墨子曰："子未我应也。今我问曰：'何故为室？'曰：'冬避寒焉，夏避暑焉，且以为男女之别也。'则子告我为室之故矣。今我问曰：'何故为乐？'曰：'乐以为乐也。'是犹曰：'何故为室？'曰：'室以为室也。'"

有一次，墨子同儒家辩论音乐的作用问题。墨子首先发难，问儒者："为什么要有音乐？"这位儒者背诵着儒家经典中的现成词句："乐以为乐也。"他没有作出进一步的解释，或者是还没有来得及解释时，墨子就说他这是所答非所问，是毫无意义的同语反复。

实际上，"乐以为乐"是儒家经典上有确定含义的一个命题。儒者引用它完全能够从正面回答墨子的问话，而不是毫无意义的同语反复。

在现存儒家经典《礼记·乐记》（可能为孔子再传弟子公孙尼子作）中有对"乐以为乐"的解释。书中说："乐者乐也。君子乐得其道，小人乐得其欲。以道制欲则乐而不乱，以欲忘道则惑而不乐。""乐以为乐"命题中，第一个"乐"指音乐，第二个"乐"指快乐、欢乐，就是音乐的作用是为了使人们快乐。应该说这个命题揭示音乐的作用和属性，是正确的。从表现形式上说，它巧妙地利用音乐的"乐"字和快乐的"乐"字同音同形（古代二字同音）而不同义，采用貌似同语反复，而实非同语反复的语句。墨子本人对此应该了解。请看墨子"非乐"的讲话：

是故子墨子之所以非乐者，非以大钟、鸣鼓、琴瑟、竽笙之声，以为不乐也。……耳知其乐也。（《非乐上》）

这里共出现三个"乐"字。第一个指"音乐"，后两个都指"快乐"。作为杰出"谈辩"大师的墨子，对这一点应非常清楚。

墨子之所以巧妙地曲解"乐以为乐"的命题，可能是故意嘲笑那位儒门新手。这在当时各派争鸣辩论中，是司空见惯的事。墨子为了培养后学的谈辩技巧，也不会不利用这样的机会。在先秦，有的学者如公孙龙，虽喜欢进行诡辩，但他们也能作出某些合理的辩论。有的学者如墨子，主要是进行合理的辩论，但有时也会发出一些乖戾的议论，这是不足为奇的。

第四章　尚贤尚同立宏论
兼爱互利破谬说

——政治伦理观

第一节　制衣假良工　屠牛借良宰　治国任贤能
——演说用人之道

墨学的一个专题是"尚贤"即任用贤能。"尚"即崇尚，"贤"即贤人，指才能、德行都好的人。《说文》："贤，多才也。"《玉篇》："贤，有善行也。"用墨子的话说，贤人即"贤良之士"，是"厚乎德行、辩乎言谈、博乎道术者"（《尚贤上》），是有"智慧者"（《尚贤中》）。也就是他常说的有道德的"仁人"和能说会道、知识渊博的"智者"。

墨子认为贤人是国家的珍宝、社稷的栋梁，"国有贤良之士众，则国家之治厚；贤良之士寡，则国家之治薄"（《尚贤上》）墨子认为当务之急是选拔、任用大批贤人。他建议用种种办法鼓励、提拔众多的贤者，这叫作"进贤"。然后根据其能力任用，这叫作"使能"（《尚贤下》）。

墨子对当时"王公大人"不能"尚贤使能"，很不满意。他说，王公大人有一件衣服不会做，一定要找好裁缝。有一只羊不会杀，一定要找好屠夫。有一匹马生病不会治，一定要找好兽医。有一张弓有毛病，一定会找好工匠。可是到治理国家，就任用骨肉之亲，"既富且贵"。骨肉之亲未必是"可学而能"的人。这种根据血缘关系的用人标准，就是"非儒"篇所批评的"亲亲"原则。墨子主张任用"学而能者"，即通过后天学习以获得才能和德行的人：

虽在农与工肆之人，有能则举之。

官无常贵，而民无终贱，有能则举之，无能则下之。（《尚贤上》）

不党父兄，不偏富贵，不嬖颜色。

不辨贫富、贵贱、远迩、亲疏，贤者举而尚之。（《尚贤中》）

摒弃基于血缘"任人唯亲"的用人标准，实行"任人唯贤"的用人之道，这是墨子颇具进步意义的创新观点。大声疾呼从"农与工肆之人"中选拔任用贤能，反映农民、手工业者和商人要求提高自己政治地位，参与国家管理的强烈愿望。

第二节　丝缕之有纪　网罟之有纲　仁义为一统
——演说国家管理

墨学又一专题是"尚同"。"尚"即崇尚，"同"指同一、统一。尚同是墨子尚贤学说的引申。墨子极力主张把贤人政治推广到全国，让有才有德的人从事国家的各级管理工作。就像"丝缕之有纪，网罟之有纲"（丝缕有归总，鱼网有总绳）一样，国家也应该由贤人用仁义来一统。应该"选择天下贤良圣知辩慧之人，立为天子"。依次再选贤人置为三公、诸侯国君、将军大夫、乡长、里长等。从最高长官天子到最基层的长官，都是从有才德的人中"选"出的，这在以血缘为基础的贵族专政制度下，是一种非常大胆的革新主张。《经上》说："君，臣民通约也。"要求国君由臣民共同协约决定，这是先民原始民主思想的闪光。

墨子的理想，是建立全国上下一致，高度集中统一的贤人政治。他说："上之所是，必皆是之。所非，必皆非之。上有过则规谏之，下有善则访荐之。上同而不下比（比也是同）

者，此上之所赏，而下之所誉也。"墨子维护贤人一统政治的途径，一是各级长官谨慎选择"贤良圣知辩慧之人"担当，他们必须以身作则，以推行仁义为己任。二是经常地运用批评、表扬、奖励、处罚等方法，即运用道德评价、行政和法律等手段，以维护政权的良性运转机制。其后学发挥墨子的思想作出定义式的表述。《经上》说："诽，明恶也。"诽是批评，指明错误，揭发坏人坏事。"誉，明美也。"誉即赞誉、表扬，是指明美言善行，表扬好人好事。"赏，上报下之功也。"赏即奖励，是上级报答下级功劳的手段。"罚，上报下之罪也。"罚即处罚、惩办，是上级惩处下级恶绩、罪责的手段。"功，利民也。"功劳的确定以对老百姓有利为标准，不是主观自封。

"罪，犯禁也"，"不在禁，虽害无罪。"罪责、罪行是违反国家禁令。不在明令禁止之列的坏人坏事，尽管对社会有害，不算有罪。只需动员舆论力量，给以批评、谴责，不必动用法律手段惩办。观点独到精辟，有启发意义。

墨子认为，在全国统一的贤人政治下，能够"上下通情"，"上有隐事遗利，下得而利之。下有蓄怨积害，上得而除之。是以数千万里之外，有为善者，其室人未遍知，乡里未遍闻，天子得而赏之。数千万里之外，有为不善者，其室人未遍知，乡里未遍闻，天子得而罚之。"这并不是由于天子是神，是由于能够"使人之耳目，助己视听。使人之唇吻，助己言谈。使人之心，助己思虑。使人之股肱，助己动作。助之视听者众，则其所闻见者远矣。助之言谈者众，则其德音之所抚循者博矣。助之思虑者众，则其谋度速得矣。助之动作者众，则其举事速成矣。"也就是能够集中众人的信息、智慧和能力，相当于延伸自己的感觉和思维器官，扩展传播媒介和行为机理，提高国家行政管理的准确性和效率。

墨子论证说，"上下通情"，则赏罚得当。"赏当贤，罚当暴，不杀不辜，不失有罪。则此尚同之功也。"在贤人一统的政治下，不冤枉无辜，也不放纵有罪。"使天下之为寇乱盗贼者，周流天下无所重足者，何也？其以尚同为政善也。"在贤人一统的善政下，任何一个胡作非为的盗贼都无处容身。在这种高度集中的理想政治下，"治天下之国，若治一家。使天下之民，若使一夫"。国家管理的效率高，程序简化。墨子"尚同"政治的论证和设想，多少带有演说家渲染夸张的成分。

在墨子的时代，天下四分五裂，"争于战国"，（《史记·平准书》）周王朝徒具虚名。解决中国实际上的统一问题，是时代提出的要求，符合人民的根本利益。每个学派都关心这个问题，纷纷为之设计方案，提出学说。墨子的"尚同"

论，正是为解决中国统一问题所设计的方略。这个方案立足于和平一统，反对几个好战大国以武力兼并的办法实现统一。比较而言，墨子方案中理想和空想的成分较多。不过，它确实反映处在动荡之中的"农与工肆之人"或弱小国家人民希望和平统一的心愿。

第三节　投我以桃　报之以李　相爱互助　理想教育
——演说伦理学

墨学的一个基本论题是"兼爱"。《兼爱》篇记录墨子就这个问题的讲演，以及同"天下之士君子"和儒家信徒的争论。

"兼爱"又叫"爱无差等"。（《孟子·滕文公上》）主张人与人之间，应该不分血缘关系的亲疏和身分等级的贵贱，普遍平等地相爱互助。

"兼爱"所遵循的原则是"为彼犹为己"，即为别人就像为自己。为此，墨子引用《诗经》的话："无言不售，无德不报。投我以桃，报之以李。"（《大雅·抑》）"兼爱"是墨子仁义学说的主要内容。后学发挥墨子思想说："仁，爱也。义，利也。"（《经说下》）仁爱和义利相连，可以互相定义。墨子"兼相爱"和"交相利"是紧密结合的。"爱人"就要"利人"。

"兼爱"是墨子心目中"贤人"的高尚品德。他说："为贤之道将奈何哉？曰：有力者疾以助人，有财者勉以分人，有道者劝以教人。"墨子的"兼爱"思想，是当时处在萌芽状态的手工业行会内，成员间互助互利原则的理想化，是"农与工肆之人"朴素平等愿望在理论上的升华，包含中华民族的传统美德。

"兼爱"是墨子希冀实现的一种道德理想、要求和愿望。他清楚地看到现实生活中存在着"不相爱"的弊端。他说："凡天下祸篡怨恨，其所以起者，以不相爱生也。"由于"不相爱"，故"强必执弱，富必侮贫，贵必傲贱，诈必欺愚"，造成社会混乱。针对这种现实，他说：

> 圣人以治天下为事者也。必知乱之所自起，焉（乃）能治之。譬之如医之攻人之疾者然，必知疾之所自起，焉（乃）能攻之。

墨子把"兼爱"看成一种理想，看成治理社会混乱的药方。他孜孜不倦地"劝人兼爱"，"教人兼爱"，积极地运用教育和游说的手段，宣传兼爱，希望当权者"王公大人士君子"，能够接受和实现他的理想愿望。但是，尽管墨子说得磨破嘴皮，"天下之士君子"还是不肯接受，并再三向墨子发难。

其一，"天下士君子"说："您的兼爱好是好，可是有什么用？"墨子说："如果真的没用，连我也要反对。再说，世界上哪里有好却没有用的东西？"接着，墨子像编剧本一样，假设有两个角色。一个叫"兼士"，即赞成兼爱学说的知识分子；一个叫"别士"，即反对兼爱学说的知识分子。

"别士"说："我怎么能对待朋友，像对待我自己；对待朋友的父母，像对待自己的父母一样？"于是他看见朋友肚子饿不给饭吃，身上冷不给衣穿，生病不给治疗调养，死了不办理丧事。

"兼士"说："我对待朋友像对待自己；对待朋友的父母，像对待自己的父母。"于是他看见朋友肚子饿就给饭吃，身上冷就给衣穿，生病就给治疗调养，死了就办理丧事。

墨子又假定第三位角色，披着铠甲，戴着头盔，就要出发参加野战，还不知道是死是活。假定第四位角色，受命出使巴、越、齐、楚，能否活着回来也不知道。这时要把父母妻子托付给朋友照管。是托付给"兼士"，还是托付给"别士"？无论是谁，尽管他不赞成兼爱学说，但一定会托付给"兼士"。这种人是在言论上反对兼爱，行动上却选取兼爱，是言行不一。

听了墨子虚拟的这个故事，"天下之士君子"说："这是选择士，国君也能够选择吗？"

墨子接着又假定一位"兼君"和一位"别君"。

"别君"说："我怎么能对待老百姓，就像对待我自己？这太不合乎人情了！人的一生没有多少年，就像白驹过隙，倏忽而过，我应该把自己先照顾好。"于是置老百姓的饥寒病死于不顾。

"兼君"说："我先考虑老百姓，后考虑我自己。"于是处处先替老百姓着想。

再假定遇到了灾年，有一批在死亡线上挣扎的老百姓，即使他们不赞成兼爱的学说，也一定会选择"兼君"。这也是言行不一的表现。

其二，"天下士君子"说："兼爱算是够仁义，可是办得到吗？要实现兼爱，就像挈泰山以超江河，办不到。"墨子说："这个譬喻不恰当。挈泰山以超江河，自古到今没有人能办到，可是从古籍上看，古代圣王禹、汤、文王、武王亲自实行了兼相爱、交相利。"

其三，"天下士君子"说："即使办得到，恐怕也是很难的。"墨子说："上行，下效。只要国君实行，下级就会跟着照办。晋文公喜欢下级穿粗布衣服，于是下级竞相实行。楚灵王喜欢下级腰细、身材苗条，于是下级都拼命节食，屏住气息把腰带束紧，挂着拐棍才能站起来，扶着墙才能走路。越王勾践喜欢战士勇敢，教练了三年还不放心，于是故意焚烧宫船，诈称：'越国的宝贝都在这里！'越王亲自擂鼓叫战士救火。战上听到鼓声，争先跳水救火死者不可胜数。穿粗衣、节食、舍命救火，这都是够难的，但只要国君喜欢，不用几十年老百姓都会跟着干。兼相爱、交相利是好事，并且比这些更容易办到。兼爱之所以难以实行，是由于国君不喜欢。如果国君喜欢，劝之以赏誉，威之以刑罚，人们实行兼相爱、交相利，就会像火焰向上，水流向下一样不可阻挡。"

　　墨子把实行社会改良方案的希望，寄托于当权的国君和卿大夫士阶层。他花很大力量去说服他们采纳自己的学说。由于墨子的想法和当权者距离太远，他的努力不可能取得预期效果。

第四节　"言而无利，信口开河"：墨子智辩巫马子
"言称汤文，行譬狗豨"：墨子痛斥子夏徒

——同儒家信徒辩论兼爱

墨子的"兼爱"，跟儒家思想是对立的。"兼爱"主张"爱无差等"。儒家坚持"爱有差等"，即根据亲疏贵贱施予不同程度的爱。这又叫作"亲亲"，如爱自己父母比爱别人父母多，爱同族人比爱别族人多等等。墨子给它起了个名字叫"别爱"（有差别的爱）；把坚持儒家思想的人叫"别士"、"别君"。总之，儒家思想是维护以血缘关系为基础的宗法等级制度，墨子思想反映"农与工肆之人"要求平等互利的愿望。

儒墨思想尖锐对立，两派学者经常进行激烈辩论。略后于墨子的孟子，曾攻击墨子"兼爱"：

杨氏为我，是无君也。墨氏兼爱，是无父也。无父无君，是禽兽也。《孟子·滕文公下》）

杨朱（战国初哲学家）提倡为我主义，是目无君主。墨子主张"兼爱"，是目无父母。目无君主，目无父母，就跟禽兽没有区别。这是百家争鸣中常见的人身攻击。墨子说："子

自爱，不爱父，故亏父而自利，……此所谓乱也。"（《兼爱上》）很明显，墨子正是反对子"不爱父"的。跟儒家不同的是，墨子主张爱别人父母应该同爱自己父母一样。孟子说的"墨氏兼爱，是无父也"，是对墨子原意的歪曲，至于进一步说"无父"是"禽兽"，就更是无理谩骂，乱扣帽子。墨子和儒家信徒辩论"兼爱"的事例，在《墨子》书中屡见不鲜。

一、言而无利，信口开河，墨子智辩巫马子

儒家信徒巫马子与墨子同乡。此人心直口快，常与墨子辩论。有一天，巫马子对墨子说："我跟你不同，我不能兼爱。我爱邹国人胜过爱越国人（邹国比越国近），爱鲁国人胜过爱邹国人；爱同乡胜过爱鲁国人；爱家里人胜过爱同乡人；爱父母胜过爱家里人；爱我胜过爱父母。因为离我越来越近。打我，我感到痛。打别人，我不感到痛。我为什么不设法去掉我的痛苦，而要设法去掉别人的痛苦？所以只能为了我的利益而杀别人，不能为了别人的利益而杀我。"

墨子问他："你要把这个意思藏在心里，还是要告诉别人？"巫马子说："为什么要藏在心里呢？我当然要告诉别人！"

墨子说："按照你的说法，一个人可以为了自己的利益而杀别人。如果一个人喜欢你这句话，并照你的话去做，这

个人就要为自己的利益而杀你。同样，十个人喜欢你的话，这十个人就要杀你。如果天下人喜欢你的话，天下人都要杀你。反之，如果一个人不喜欢你的话，会因为不喜欢你的话而杀你。同样，十个人不喜欢你的话，会杀你。天下人不喜欢你的话，会杀你。总之，喜欢你的话会杀你，不喜欢你的话也会杀你。就是说，如果真的实行你的这种反对兼爱的话，你就要被杀。这岂不是等于自杀？你说这种话，并不能给你带来什么利益。相反，却只有害处。既然言而无利，你为什么要信口开河，胡说八道？所以，你不如趁早收起你的话。"（《耕柱》）

墨子对儒家信徒反兼爱言论的驳斥，一针见血。对此，巫马子心中犹有不忿，"你兼爱天下，没看到天下人得到什么利益。我不爱天下，没有看到天下人得到什么害处。咱们两人都是只有动机，而没有效果。您为什么偏说自己的话是真理，而我的话是谬误？"

墨子问对方："假定现在有甲某正在放火。乙某提着水桶，要用水灭火。而丙某则提着油桶，想火上浇油。乙某和丙某都只有动机，而没有效果。你怎么评价这两个人呢？"

巫马子脱口而出："我赞成乙某提水想灭火的动机，而反对丙某提油想助长火势的动机。"

墨子笑着说："那么好，我肯定我宣传兼爱学说的动机，而否定你反对兼爱学说的动机。"言外之意，墨子认为，宣传兼爱是善意，反对兼爱是恶意。因为前者导致天下大治，后者导致天下大乱。巫马子在辩论中，以输而告终。

二、言称汤文，行譬狗豨，墨子痛斥子夏徒

《耕柱》篇记载：

子夏之徒问于墨子曰："君子有斗乎？"墨子曰："君子无斗。"子夏之徒曰："狗豨（猪）犹有斗，恶有士而无斗矣？""伤矣哉！言则称于汤文（商汤和周文王），行则譬于狗豨，伤矣哉！"

鲁迅先生 1934 年 8 月作历史小说《非攻》，其开篇写道：

子夏的徒弟公孙高（此人名为鲁迅虚拟）来找墨子，已经好几回了，总是不在家，见不着。大约是第四或第五回罢，这才恰巧在门口遇见，因为公孙高刚一到，墨子也适值回家来。他们一同走进屋子里。

公孙高辞让了一通之后，眼睛看着席子的破洞，和气地问道：

　　"先生是主张非战的？"

　　"不错！"墨子说。

　　"那么，君子就不斗么？"

　　"是的！"墨子说。

　　"猪狗尚且要斗，何况人……"

　　"唉唉，你们儒者，说话称着尧舜，做事却要学猪狗，可怜，可怜！"墨子说着，站了起来，匆匆地跑到厨下去了，一面说："你不懂我的意思……"

　　鲁迅这一段描写中的对话，即渊源于《耕柱》篇记载。

　　墨子所说"君子无斗"的命题，有特定含义。它指的是，在君子仁人之间，应该相亲相爱，互助互利，而不应互相残害欺侮。《非儒》篇说："若皆仁人也，则无说（理由）而相与（敌）。仁人以其取舍是非之理相告，无故从有故也，弗知从有知也。无词必服，见善必迁，何故相与（敌）？"仁人实行兼爱互助，没有理由相互为敌。但是在君子跟暴人之间，墨子主张"有斗"。因为君子为天下"兴利除害"，可以兴正义之师诛讨、惩罚不义之师。如果对暴人不斗，等于纵容坏人，残害好人，是天下最大的"不义"，不能称为"君子"。

很明显，无论是君子内部的"无斗"，或是君子与暴人之间的"有斗"，都不能跟猪狗之间的打斗相提并论。子夏之徒把这两个不同的问题混为一谈，遭到墨子痛斥。儒者言必称汤文，行动却要以猪狗为榜样，墨子连呼"伤矣哉"（有伤人格）。

第五节　不知其数知其尽　无穷不害兼爱心
——苦心巧辩兼爱

墨子为了宣传兼爱，同儒者或王公大人进行唇枪舌剑的论战。后学继续维护墨子的学说，把兼爱看作成就仁义事业的核心内容，视为本学派的精神支柱，当成墨者终生为之奋斗的最高理想，既坚定又巧妙地迎击着来自四面八方的挑战。墨子后学苦心孤诣巧辩兼爱，为我们留下丰富的理论思维经验和对话辩论的技巧。

一、不知其数知其尽

墨子后学游说的社会活动中，遇到其他学派对兼爱学说的诘难。难者甲说："你们墨者主张兼爱，即爱一切人。可是你们知道世界上究竟有多少人？你们连世上人口的数量都不知道，怎么能确定要尽爱这些人？"

　　尽爱就是兼爱。问难者甲的问题颇为刁钻。不过，这并没有难住足智多谋的墨者：

　　　不知其数而知其尽也，说在问者。（《经下》）

　　　"不知其数，恶知爱民之尽之也？"或者遗乎其问也。尽问人，则尽爱其所问。若不知其数，而知爱之尽之也，无难。（《经说下》）

墨者说，不知道人口的数量，并不妨碍兼爱。这一论点的理由，恰恰就在于你提的这个问题本身。我不怕你提的这个问题，只是你自己不要把你所提的问题忘记。你不是说，我不知道人口的数量？是的，我是不知道。但是，你问吧！你问一个人，我就爱一个人。你如果能把所有的人都问遍，我就能把所有的人都爱遍。可见，不知道人口的数量，同样可以毫无困难地肯定兼爱。

　　这里，我们不能不叹服墨者谈辩的机智。他们不但没有陷入对方设置的困境，而且轻而易举地把对方出的难题回敬给对方，从而有力地论证自己的论题。

二、无穷不害兼爱心

在墨者生活的年代，对于世界究竟有多大，还没有实证知识。不过当时的哲学家，已经在思索世界有穷和无穷的问题。他们常拿"南方"打比方，讨论问题。惠施有一著名论题是"南方无穷而有穷"。（《庄子·天下》）有人（设为难者乙）就这个问题向墨者发难：

南方有穷则可尽，无穷则不可尽。有穷无穷未可知，则可尽不可尽未可知。人之盈之否未可知，而必人之可尽不可尽亦未可知，而必人之可尽爱也，悖。（《经说下》墨者引）

即南方有穷则人们可以穷尽它，南方无穷则人们不能穷尽它。现在南方有穷无穷的问题，还不能确定，则人们是否能够穷尽它，也不能确定，况且人是否充盈南方，这一点也没有得到证实，于是人是否可以穷尽，也就不知道。在这种情况下，就确定人可以兼爱，是荒谬的。

难者乙的思路，同上述难者甲的思路一样。也就是，既然你提出兼爱，这兼爱的对象必须是可以历数（列举）的。现在人们提出有穷无穷的问题还没有结论，你就匆忙提出兼爱所有的人，不可思议。假如真的南方是无穷的，而且这无穷的南方充盈无穷的人，你怎么尽爱（即兼爱）？

墨者回答说：

无穷不害兼（爱），说在盈否。（《经下》）

人若不盈无穷，则人有穷也。尽有穷无难。盈无穷，则无穷尽也。尽无穷无难。（《说经下》）

难者提出，南方无穷，则不可尽（人不可尽举），但是却又承认"人充盈于无穷南方"的可能。在墨者看来，这是自相矛盾的。他们把"尽"定义为"莫不然"，"盈"定义为"莫不有"，二者是等价的。墨者认为，"可尽"不一定要一个一个列举，说"人充盈于无穷南方"这也是一种"可尽"。并且进一步指出，既然你可以对无穷南方的人，用一个"充盈"的词儿来描绘，我也就可以用一个"兼爱"的词儿来描绘。"无穷"的说法并不妨害兼爱，关键就看人是否充盈。接着，墨者用二难推理来驳斥对方：

人如果不充盈于无穷的南方，则人有穷，尽爱有穷的人没有困难。

人如果充盈于无穷的南方，则这无穷等于被穷尽，于是尽爱无穷的人没有困难。

所以，不管人是否充盈于无穷的南方，人都可尽爱。

墨者在这里，把无穷化作为有穷来处理。人的个体是无穷的，但若把无穷作为一个完成了的现实整体处理，则这个整体等于被穷尽。因此，尽管无穷南方充满无穷的人，墨者仍然在理论上坚持，可以对他们施与普遍平等的爱。

三、不知所处不害爱

问难者丙又跑出来，对墨者说："你们主张对一切人施以平等的爱，但是有许多人，你连他居住的处所都不知道，你怎么爱他？"

墨者回答说："不知其所处，不害爱之。说在丧子者。"（《经下》）问难者丙的论点是"不知其所处害爱之"，即凡不知道某人居住的处所，妨害爱他。从逻辑上说，这个判断是全称肯定判断，用公式表示是"所有 S 是 P"。

墨者的论点是"不知其所处不害爱之"，即凡不知道某人居住的处所不妨害爱他。从逻辑上说，这个判断是全称否定判断，用公式表示是"所有 S 不是 P"。

双方的论点针锋相对。墨者在这个辩论中，列举一个事例"丧子者"。意思是，走失孩子的父母，并不因为不知道孩子的居处而妨害爱他。这个事例，对于问难者丙的论点来说，是一个反面事例。这个反例可以概括地表达为：有时不知道某人居住的处所，不妨害爱他。这是一个特称否定判断，用公式表示是"有 S 不是 P"。这同丙的论点是矛盾的，完全可以驳倒它。墨者就这样在反复的辩诘驳难中，丰富和发展中国古代逻辑学。

四、兼爱说的论证和杀盗非杀人的言谈

从墨子开始到其历代后学，都把兼爱看作一种道德要求。墨子首先提出这个命题，后学进一步从逻辑上加以论证。后学把"兼爱"的"兼"作为整体来定义，又把"兼"等价于"尽"、"周"。《小取》说：

爱人，待周爱人，而后为爱人。不爱人，不待周不爱人。失周爱，因为不爱人矣。

即"爱人"是要求周遍地爱一切人。而"不爱人"并不依赖于要不爱任何人（连一个人也不爱）。只要是不爱一个人，就算失掉"周爱"（兼爱）。《大取》用逻辑公式表示说：

兼爱相若，一爱相若，其类在死蛇。

相若即相等，这是墨者借用数学的概念。他们把"兼爱"（一切人平等地爱一切人）理解为一个关系命题。关系具有不可分割性。如"甲与乙是朋友"，不能分成"甲是朋友"，"乙是朋友"。同样，"一切人平等地爱一切人"，也不能分成"爱这一部分人平等"，"爱那一部分人平等"（这恰恰是儒家的"爱有差等"）。墨者认为，这种人为地分割不能分割的关系，相当于把一条活蛇斩成几段，而这也就把它变成"死蛇"。墨者把这种爱的平等性、普遍性解释为：

爱众世与爱寡世相若，兼爱之，有相若。爱上世与爱后世，一若今之世人也。（《大取》）

即爱人口多的世代和爱人口少的世代一样，爱过去、现在和未来世代的人一样。

昔者之爱人也，非今之爱人也。（《大取》）

即过去爱人，不等于现在爱人。"爱人"要永远坚持，不能半途而废。

　　墨者"兼爱"思想在阶级社会中，是不能实现的空想。在当时社会中就有很多不能、也不应该爱的人。在社会现实面前，墨家也不得不在事实上承认兼爱学说行不通。他们也承认对有的人，如拦路抢劫的强盗、好战的暴徒，应该恨而不应该爱。

　　今有人于此，入人之场园，取人之桃李瓜姜者，上得且罚之，众闻则非之，是何也？曰：不与其劳获其实，以非其所有而取之故。（《天志下》）

不劳而获的盗贼，不是自己劳动所得，却硬要强取，违反道德人情，违反国家法律。对这种人怎么爱？至于杀人越货，公然拦路抢劫者，墨者发出"杀盗非杀人"（杀强盗不犯杀人罪）的言论：

　　获之亲，人也。获事其亲，非事人也。

　　其弟，美人也。爱弟，非爱美人也。

　　车，木也。乘车，非乘木也。

　　船，木也。入船，非入木也。

盗，人也。多盗非多人也。无盗非无人也。奚以明之？
恶多盗，非恶多人也。欲无盗，非欲无人也。世相与共是之，
若若是，则虽：

盗，人也。爱盗非爱人也。不爱盗非不爱人也。杀盗非
杀人也，无难矣。

此与彼同类，世有彼而不自非也。墨者有此而非之。无
他故焉，所谓内胶外闭，与心无空乎内，胶而不解也。此乃
是而不然者也。（《小取》）

"杀盗非杀人"这个命题乍听确实令人惊诧。如果从人的自
然属性上说，强盗当然也是人，杀一个强盗，就等于杀一个人。
这是任何神经正常的人都承认的。从这个意义上说，墨者的
议论包含着诡辩的因素。在古代百家争鸣中，为了论证自己
学派的特殊论题，在议论中夹杂着一定程度的诡辩，不足为奇。

不过，墨者是试图论证杀盗不是杀好人，不犯杀人罪。
这是从伦理学和法学意义上说的。为了从这个意义上论证"杀
盗非杀人"，墨者特意搜集大量"是而不然"一类的推理，
即前提是正确的，在主、谓项上分别附加同样词项，而得出
的结论却是不正确的。如"妹妹是美人，所以，爱妹妹是爱
美人"，这个推理显然是错误的。墨者共举出十个世人多不

赞成的此类推理。接着，以此类推：

　　强盗是人。

　　所以，杀强盗是杀人。

墨者指出这是不正确的。将其结论改为正确的，就是"杀盗
非杀人"。听到墨者的这种论证，当时人们还是有不同意的，
包括大儒荀况都反对（见《荀子·正名》）。于是墨者就揶
揄这些人简直是榆木脑袋不开窍。墨者爱憎分明，他们强调说：

　　恶盗之为加于天下，而恶盗不加于天下。（《大取》）
　　知是世之有盗也，尽爱是世。知是室之有盗也，不尽恶
是室也。知其一人之盗也，不尽恶是二人。虽其一人之盗，
苟不知其所在，尽恶其非也。（《大取》）

即知道现实世界上有强盗，但还是要坚持"尽爱"（兼爱）
世界上的人。这当然是指爱世界上的好人。他们设想，如果
一个房间内有两个人，其中一人是强盗，那只能严格地讨厌
其中的强盗，而不能连那好人也一起讨厌。尽管究竟谁是强
盗，一时还搞不清，也不能连好人一起讨厌。就是说，"恶盗"

不能扩大化，不能冤枉好人。

总而言之，墨者把应有的道德要求和现实情况区别开来，以解决"兼爱"和"恶盗"的矛盾。为说明这个问题，墨者还列举以下两个推理：

1. 因为有人不是黑的，所以，并非所有人是黑的。

2. 因为有人不被人爱，所以，并非所有人应该被人爱。

墨者认为推理1是正确的。因为"有人不是黑的"（前提）和"并非所有人是黑的"（结论）这都是符合现实的。

推理2是不正确的。因为前提"有人不被人爱"是关于现实的，结论"并非所有人应该被人爱"是关于道德要求的，而墨者的道德要求是"所有人应该被人爱"。

墨者认为推理1和2遵守不同的"法"（规则），如果把二者混同，违反逻辑同一律，不合理。因为反驳应该"类以行之"，根据同类相推的原则。这是"法异则观其宜"，法则不同就谨慎选择合适的法则。（见《经上》《经说上》）

五、爱人包括爱自己

《庄子·天下》篇说墨子实行自我刻苦的原则，是"不爱己"，即不爱惜自己。于是世人竞相批评墨者主张"圣人不爱己"。荀况《正名》篇说，墨者主张这个命题，是"用名以乱名"（混淆概念）的诡辩。墨者感到别人批评有道理，于是把观点自我修正如下：

　　爱人不外己，己所爱之中。己在所爱，爱加于己。伦列之：爱己，爱人也。（《大取》）

当然，墨者认为圣人爱自己，最终还是为了爱人，推行爱人的事业。"为天下厚爱禹，乃为禹之爱人也。"（《大取》）墨者承认"爱人包括自己"，是为了消除墨子议论中的矛盾，减少其他学派的攻击，而维护墨者"兼爱"的基本原则。

第五章　齐晋楚越动干戈
墨子非攻谋防御

——战争观和军事学

第一节　反对攻掠　深谋备御　以战去战　赞颂诛讨
——演说战争观

一、反对攻伐掠夺的不义之战

墨子深知战争给人民所带来的灾难，倡导"非攻"，反对不义之战。墨子把大国对小国的攻伐掠夺，视为"天下之巨害"，描述攻伐给人民带来的灾难。

1. 贻误农时，破坏生产。农业在很大程度上是"以时生财"。而大国之君兴兵打仗，冬天怕冷，夏天怕热，专挑选春秋好季节进行。春天出兵就种不了庄稼，秋天出兵就耽误收获。只要误一个季节，老百姓饥寒冻馁而死者，就不可胜数。可是一出兵，时间长的要几年，短的要数月，这就使成千上万的劳动力脱离生产，不知要使多少人死于沟壑。所以，攻伐就等于斩断老百姓的衣食之源。

2. 抢劫财富，不劳而获。墨子常用类比推理，揭露战争对人民财产的掠夺和破坏。他讲演说：

今有一人，入人园圃，窃其桃李，众闻则非之，上为政者得则罚之。至攘（抢夺）人犬豕鸡豚者，其不义，又甚入人园圃窃桃李。至入人栏厩，取人马牛者，其不仁义，又甚攘人犬豕鸡豚。至杀不辜人也，曳其衣裘，取戈剑者，其不义，又甚入人栏厩，取人牛马。

对窃人桃李、抢人犬豕鸡豚牛马、杀人越货者，那些大国君主"皆知而非之，谓之不义"。可是攻小国，"入其沟境，刈其禾稼，斩其树木"，见什么抢什么。《孙子》提到大军所到之处，"侵掠如火"，"掠乡分众，廓地分利"，"掠于饶野，三军足食"。（《军争篇》、《九地篇》）这反映大国抢掠小国的实情。墨子认为，这种抢掠行为比起人人反对的盗窃行为不知更坏多少倍，可是大国国君却把这叫作"义"。这难道是知道义和不义的区别吗？墨子说：

今有人于止已，少见黑曰黑，多见黑曰白，则以此人不知白黑之辩矣。少尝苦曰苦，多尝苦曰甘，则必以此人为不知甘苦之辩矣。今小为非，则知而非之，大为非攻国，则不知非，从而誉之，谓之义，此可谓知义与不义之辩乎？是以知天下之君子也，辩义与不义之乱也。

墨子把大国对小国的攻伐掠夺行为，看作跟盗窃一样，都是"不与其劳获其实，以非其所有而取"的不义行为。可见，墨子非攻理论，是其保护劳动成果的平民道德观的引申和扩大。

3. 残害无辜，掠民为奴。墨子指出，大国君主命令自己的部队进攻小国，"民之格者，则迳杀之。不格者，则系操而归。丈夫以为仆圉胥靡，妇人以为舂酋。"（《天志下》）老百姓稍有反抗之意，则予以残害。而无反抗之意者，就用绳索牵连，掠回为奴。男的做种种苦役，女的做舂米侍酒奴婢。

土地虽广，好战则民凋。战争对大国的民众，也是沉重的灾难。一次出征，动辄"兴师十万，出征千里"（《非攻下》；《孙子·用间篇》）由于种种原因，在路上死的就"不可胜数"。战争的结果，"丧师多不可胜数，丧师尽不可胜计"。即使攻下一个三五里大的小城，"杀人多必数万，寡必数千"。正如古代童谣谓"大兵如市，人死如林"。而当时的大国疆域辽阔，地广人稀，有许多不毛之地还未开垦，所以最缺乏的是劳动力。真是十室劳力几人在，千里国土空白多。墨子认为，这种战争正是"杀所不足"（指劳动力）而"争所有余"（指土地），是一种愚蠢行为。

墨子亲眼看到战争给人民带来的沉重灾难。他说：

至夫差之身，北而攻齐，舍于汶上，战于艾陵，大败齐人，而堡之泰山，东而攻越。（《非攻中》）

吴王夫差于公元前 484 年兴兵北上攻齐，在大汶河流经泰安处驻军，摆开阵势，与齐军鏖战艾陵，杀死齐军主帅国书，俘获齐兵车八百乘，将齐军打得落花流水，并在泰山附近筑堡垒固守，又东向而攻越。艾陵在今山东泰安东南。这个地区，正是墨子出生和生活的地方。

由于墨子了解到生民百遗一、念之断人肠的战争惨祸，因此，经常指名批评齐晋楚越四大国穷兵黩武的政策和恃强凌弱的霸权行径。同时，主张小国（如鲁、宋、卫等）储兵备战，抵御强寇。

二、支持防守诛讨的正义之战

墨子反对大国攻小国的侵略战争，但他知道光靠讲道理不能使大国君主放弃战争。所以，墨子主张深谋备御，用积极的防御战争，制止以大攻小的侵略战争。他赞颂诛讨，支持以正义征伐无义的战争。

一次，墨子跟"好攻伐之君"辩论。好战君主提出，您"以攻伐为不义"，可是过去"禹征有苗、汤伐桀、武王伐纣"，这不都是"攻伐"？为什么都被人们看作"圣王"，受到尊敬？

墨子回答："子未察吾言之类，未明其故者也。"（《非攻下》）即指出对方混淆了"攻"（攻伐掠夺的不义之战）和"诛"（以有义诛讨无义的战争）这两个不同的概念，违反逻辑同一律，以历史上圣王诛讨不义、惩治暴君的战争为论据，为自己的攻伐掠夺辩护，这完全是南辕北辙，风马牛不相及。

墨子战争观，以明确区分正义和非正义这两种不同性质战争为前提。

有备无患，忘战必危。由于墨子支持防守诛讨的正义之战，所以他主张兴修城郭沟池，加强守备，以应不测。他反复申述：

备者国之重也。食者国之宝也；兵者国之爪也；城者所以自守也。此三者国之具也。

　　库无备兵，虽有义不能征无义。城郭不备全，不可以自守。
心无备虑，不可以应卒（应付突然事变）。

　　国雁寇敌则伤，民见凶饥则亡，此皆备不具之罪也。（《七
患》）

粮食、兵器、城堡是国家最重要的三项战备。城郭沟池修得
不好，不利于防守。没有充足的武器装备，不能以有义诛讨
无义。思想上要是麻痹大意，就要在敌寇的突然进攻面前失利。
这都是不积极备战的罪过。只有做到"入守则固，出诛则强"，
才能有效保卫人民的生命财产。

第二节　刀光剑影　众志成城　全民皆兵　雷厉风行
——军队编制

一、全民皆兵

　　墨子关于组成军队的基本思想，是举城全民皆兵。只有
如此，才能以寡敌众，以弱胜强。《备城门》记载，墨子的
守城方案中假定敌人有"十万之众"。墨子在《非攻下》篇说：
"今好攻伐之国，若使兴师，徒十万，然后足以师而动矣。"
春秋末期军事家孙武的军事论文屡言"兴师十万"、"十万

之师举"、"带甲十万"等（《作战篇》、《用间篇》），正反映墨子所针对的好战大国的实情。

而墨家所守之城，是"率万家而城方三里"。（《杂守》）也就是《非攻中》所说的"三里之城，七里之郭"，或战国时人常说的"千丈之城，万家之邑"（《战国策·赵策》赵奢语）。这种规模，是属于郡县级的小城。

墨子提出，抵御十万敌军，要组织约五千守军。城上男兵一千人，女兵两千人，老人兵（六十岁以上）和儿童兵（十五岁以下）一千人，预备队（包括突击队、敢死队等）一千人。再加上城内各处守卫、巡逻，以及各种后勤保障人员等，不全城动员，不足以抵御敌兵十万之众。

1. 妇女动员。组织女兵参战，在古兵书中独树一帜。《号令》篇说："女子到大军，令行者男子行左、女子行右。"几千女子，听到集合鼓声，立即到岗位报到，为行动迅速，需男女分途。《号令》又说："丁女子、老少人一矛。"女兵和男兵一样，手持武器直接参与战斗。《旗帜》篇说："守城之法：女子为姊妹之旗。"女兵军团有特殊军旗。"男女皆辨异衣章徽，令男女可知。"男女兵各穿不同军装，佩戴不同徽章，使男女兵易于分辨。女子作战英勇，跟男兵一样可受到"赐钱"的奖励和免征徭役、租税的优待。《备穴》篇说："诸作穴

者五十人，男女相半。"连坑道兵有一半是女性。古有民歌："李
波小妹字雍容，褰裳逐马如卷蓬，左射右射必叠双。妇女尚
如此，男子安可逢（敌）？"民歌唱出精于射术的巾帼英雄
风采。在墨者组织的守城战斗中，有此类参与"疾斗却敌"、
"坚守胜围"的女中豪杰，男子有不甘示弱的勇士。（《号令》）

2. 老人儿童动员。《号令》篇说：

因城内里为八部。部一吏，吏各从四人，以行冲术（道
路）及里中。里中父老不与守之事及会计者，分里以为四部，
部一长，以苛往来。不以时行，行而有他异者，以得其奸。

守城之法：五尺童子为童旗。（《旗帜》）

睨小五尺不可卒者，为署吏，令给事官府与舍。（《杂守》）

老人不能上城当兵和搞后勤，可参与巡逻、维持秩序和监视
行迹可疑者。城上儿童军团有特殊军旗。儿童不能上城当兵，
参与后勤服务。

3. 各行业各阶层动员。墨者说：

收贤大夫及有方技者与工，第之（编制）。举屠、沽者
置厨给事，第之。凡守城之法：百官供财，百工即事。士皆

有职。（《迎敌祠》）

有谍人、有利人、有恶人、有善人、有长人、有谋士、有勇士、有巧士、有死士、有内人者、[有]外人者、有善[爱]人者、有善斗人者，守（郡守）必察其所以然者，应名乃纳之。使人各得其所长，天下事当。均其分职，天下事得。皆其所喜，天下事备。强弱有数，天下事具矣。（《杂守》）

各级官吏、各种有一技之长者（如医生）、各种工匠都纳入战时体制，按军队组织形式加以编制，使之互相统属。如屠夫、卖酒人专事部队膳食炊饮工作。为了守城的胜利，大家有钱出钱，有力出力，尽量调动一切人的积极性。在这守城战斗的非常时期，郡守要采取开明的用人方针，尽力化消极因素为积极因素，最大限度地团结一切能够参加战斗的人。平时乐善好施、喜欢助人者，善于出谋划策者，心灵手巧者，勇猛无畏者，侠客义士等，自然各有其用。个子高大，也有特殊用场。即使平时爱讲坏话者，品行恶劣者，常打架斗殴者，只要参与守城战斗，也应该欢迎。新住户，应与老居民一律看待，不加歧视。凡参与守城战斗者，不考虑其出身、经历、德行、业务、才干等等，一律收纳，各定其守，各有分职，务使发挥所长，各乐得其所欲。做到这一点，守城大事就有人力保证。

二、军队编制

墨者规定军队的编制和组织系统：

城上步一甲、一戟，其赞（佐）三人。五步有伍长，十步有什长，百步有佰长。旁有大帅，中有大将。（《迎敌祠》）

百步一亭，亭一尉。尉必取有厚重忠信可任事者。（《备城门》）

守城将营无下三百人。四面四门之将，必选之有功劳之臣，及死事之后重者（烈士重要亲属），从卒各百人。

令将自卫，筑十尺之垣，周桓墙。

将出而还，与行县，必使信人先诚舍，室乃出迎，闻守，乃入舍。（以上《号令》）

城上每步有五人坚守，其中一人带甲，一人持戟，三人辅佐。五步编为一伍，有伍长。十步编为一什，有什长。百步为一佰，有佰长。伍长、什长、佰长是下级军官。百步设一亭，亭设一尉。《旗帜》篇说："亭尉各为帜。"尉是中级军官，有特殊军旗。

将帅是战争前线的高级指挥官。每个将帅统领三百名常备职业军人，有卫兵一百名。将帅外出（如巡行各县）回来时，先有通讯员报信，家属出迎，并报告郡守，方可回家。可见将帅之上还有郡守。

郡守被尊称为"太守"（《号令》），为一郡之长，由武官兼任，是郡邑保卫战中的主将，相当于城防司令。郡守的住地和办公处，有特殊的建制和保卫措施（详见本章第四节）。

可见，墨者的军队编制系统，是由士卒、伍长、什长、佰长、亭尉、将帅到郡守的塔状结构。

三、军装、徽章和军旗

为保证武装组织的集中统一和战斗行动的迅速准确，部队规定不同军兵种服装、徽章的制别，各有不同的军旗。《旗帜》篇说：

城中吏、卒、民、男女皆辨异衣章徽，令男女可知。城上吏置之背，卒于头上。城下吏、卒置之肩。左军于左肩，右军于右肩，中军置之胸。各一。

即官吏、兵卒、平民、男女各有不同制式服装，每人一枚徽章佩戴于不同部位。从徽章佩戴部位，一望可知其岗位是在城上，还是在城下；是军官还是兵卒；是左军、右军还是中军。

不同等级的军官，以不同颜色长度的旗帜为标志。"亭尉各为帜"，"城将为绛帜"。墨者规定不同级别军官、旗帜的不同制式。《旗帜》篇：

守城之法：木为苍旗。火为赤旗。薪樵为黄旗。石为白旗。水为黑旗。食为菌旗。死士（敢死队成员）为苍鹰之旗。劲士（大力士）为虎旗。多卒为双兔之旗。五尺童子为童旗。女子为姊妹之旗。弩为狗旗。戟为旌旗。剑盾为羽旗。车为龙旗。骑为鸟旗。凡所求索，旗名不在书者，皆以其形名为旗。城上举旗，备具之官致财物，物足而下旗。

城上需要木头、火种、木柴、石头、饮水、食物、弓弩、戟、剑、盾、车、骑等军需品，城上的敢死队员、大力士、兵卒、成童、女兵等在编人员，都各有不同颜色形制的旗帜。旗名不在此列者，可视需要临时增设相应的旗帜。城上举旗为号，城下管后勤的军官，根据旗帜的指示，筹措军需，输送人员上城，满足要求则下旗为号。这是后世旗语的萌芽。

四、军令、赏罚和思想工作

《号令》篇说：

命必足畏，赏必足利，令必行，令出辄人随，省其可行，不行。

为守备程而署之曰某程，置署术街（通道）、衢阶与门，令往来者皆视而仿（依照执行）。

传令里中者以羽，羽在三老所。家人各令其家中，失令与稽留令者，断。

命令应该及时公布、传达和执行，及时派人检查执行结果。命令除张贴在大街小巷、交通要道外，还可用羽毛信的形式，迅速传递到街道和居民家中。传递过程中遗失命令文本，擅自滞留延缓者断罪。

"诸有罪过"而较轻者，"令杅厕罚之"（罚其清扫厕所）。（《号令》篇）

《备城门》篇记墨子把"赏明可信而罚严足畏"，看作是保证守城战斗胜利的必要条件之一。"诸行赏罚"一定要出于公心，而不能徇私情，泄私愤。

《旗帜》篇规定，在城墙外守战栅的军人，"三出却敌"，"建旗其署，令皆明白知之，曰某子旗"。即三次出击打退敌人，郡守就下令亲自设宴招待，授予大旗，这是一种很高的奖赏。《号令》篇规定，守城战斗结束后，对在战争中"疾斗却敌"，把敌人打退，并使敌人再也不能重上的，每队选出二人，赐予上俸。而胜围之后，"城周里以上，封城将三十里地为关内侯，副将则赐上卿，丞及吏比于（相当于）丞者，赐爵五大夫。官吏、豪杰与计（提出好建议）坚守者十人，及城上吏比五官者，皆赐公乘。"参与守城的男子，每人升爵两级。女子赐钱五千。男女老少没有直接参与战斗的，每人赐钱一千。三年中免征徭役、租税，以"劝民坚守胜围"。郡守在奖励"邑中豪杰、力斗诸有功者"的同时，一定要亲自到"死伤者家"慰问，"令其怨结于敌"，即明白这是敌人带来的灾难。

《杂守》篇说："安则示以危，危示以安。"天下安定时，要指出不安定因素；天下不安定时，要指出安定的前景。这种注重安定民心，鼓舞士气的思想工作，是战争中所不可缺少的。

总之，命令、赏罚和思想工作的目的，都是为了调动军民的积极性，以保证战斗胜利。

第三节　欲胜敌　先利器　新发明　显威力
——武器装备

一、枯木朽株齐努力，随地取用皆武器

墨子注重军事武器的储备、发明和应用。他说："兵者国之爪也。"国家没有兵器储备，犹如老鹰失去利爪。"库无备兵，虽有义，不能征无义。"仓库里没有储备充足的兵器，虽为有义之师不能征讨无义之敌。

为赢得战争的胜利，墨子在兵员论上坚持全民皆兵，把人民的主观能动性发挥到最高限度。在武器论上主张配备充足的武器装备，同时利用墨者集团多能工巧匠的优势，发明威力巨大的新式武器，改造旧式武器，使之具有更大的杀伤功能。

墨者十分注意利用和征集就地取材的廉价武器，以及改造农、牧、手工业工具而成的武器。

二步积石。石中钧以上者五百枚。无石以抗（敌），蒺藜、砖皆可善防。

为蒺藜投，长二尺五寸，大二围以上。（《备城门》）

蒺藜投必当队而立，以车推引之。（《备梯》）

两步为十二尺。十二尺之内放置重十五斤以上的石头五百块，用以投掷上城敌人。把蒺藜捆好，放在敌人进攻必经的通道上，以阻滞敌人。

（二十五步）备沙，毋下千石。

沙五十步一积。

置器备撒沙砾。（《备城门》）

用抛撒沙子的方法迷伤爬城敌人的眼睛。另规定城上军官居所灶灰、糠、秕、谷皮、马屎"皆谨收藏之"，这也是为了在战斗中用以迷伤敌人眼睛。

农、牧、手工业工具改造的武器有：

二步置连梃（连枷）、长斧、长锥各一，枪（投枪）二十枚，周置二步中。（《备城门》）

梃长二尺，大六寸，索长二尺。（《备蚁附》）

客（敌人）则蚁附城，连梃、沙灰皆救之。（同上）

长斧、柄长八尺。十步一长镰，柄长八尺。（《备城门》）

长锥，柄长六尺，头长尺，锐其端，三步一。（同上）

连梃原是农家用的打禾工具连枷，分两节，可旋转，取其用力省而打击重，被改造为武器，用以攻击像蚂蚁似的密密麻麻爬城墙的敌人。镰原来也是农具，投枪原为打猎工具，斧、锥原是手工业工具，被改造为切割、投刺、砍杀敌人的武器。这些武器，容易就地取材，便于民兵改制和操纵。

二、设渠荅收罗敌矢，施巧计取箭于敌
——诸葛亮草船借箭的先驱

《三国演义》第四十六回称，诸葛亮用轻快船二十只，各以布幔草人伪装。在一个浓雾笼罩的凌晨，孔明促舟而进。五更时分，船逼近曹操水寨。孔明叫把船一字摆开，擂鼓呐喊。曹军闻声，一万名弓弩手齐向船放箭，箭如雨发。船上一面草人受箭已满，又把船反转，另一侧逼近水寨受箭。待日高雾散，急收船回。二十只船两边草人上排满箭支，清点结果，共得曹军送箭十万余支。这就是有名的诸葛亮草船借箭的故事。诸葛亮此计，实渊源于墨者的"以荅罗矢"：

遂拒寇，为高楼以射敌，城上以荅罗矢。（《备高临》）

城上二步一渠，渠立柱，长丈三尺，冠(露出部分)长十尺，臂长六尺。二步一荅，荅广九尺，长十二尺。（《备城门》）

城上七尺一渠，长丈五尺，埋三尺，去堞（城上矮墙，女墙）五寸，夫（露出部分）长丈二尺。臂长六尺，半植一凿枘，径五寸。夫两凿，渠夫前端下堞四寸而适。埋渠，凿坎，覆以瓦，冬日以马屎塞，皆待命，或以瓦为坎。（同上）

这里详细记载渠答的构造、安装和作用。城上距女墙五寸处，牢靠深埋一立柱，地下部分三尺，地上部分十二尺。柱上凿孔，安装横杆，外面张答（草帘）。渠犹如船上的桅杆，答就像船帆。渠答的作用，是收罗敌人射来的箭，或抛来的石块，而箭、石可重复使用。在敌人爬城时，也可以火燃答，抛盖于敌人头上，用来烧伤敌人。阻挡矢石、收罗敌矢和烧答覆敌，可见答的一物多用。

三、巧置罂听测敌情，声学原理有妙用

在墨者的守城装备中，规定有"罂听"一项。《备穴》篇说：

穿井城内，五步一井，附城足。高地一丈五尺，下地得泉三尺而止。会陶者为罂，容四十斗以上，固幂之以薄鞟革，置井中，使聪耳者伏罂而听之，审知穴之所在，凿穴迎之。

罂是大陶罐，小口大腹。在罂口上蒙以薄皮，放入井中。让耳朵灵的人伏在罂口上听，探知敌方挖掘坑道的方向所在，以便迅速采取措施，迎击敌人。这是巧妙利用声学振动传播的原理，设计一种简单测声仪器。

四、窑灶鼓橐，窒息强敌

《备穴》、《备突》和《备城门》诸篇，阐述一种重要的坑道防御战装备，即窑灶鼓橐（鼓风吹火器，相当于风箱）。其中详细说明窑灶鼓橐的构造、安装、操作方法。《备穴》篇说：

> 令陶者为瓦窦（管道），长二尺五寸，大围，中判之，合而施之穴中，偃一覆一，善涂其窦际，勿令泄，两旁皆如此，与穴俱前，下迫地，置糠与炭其中，勿满。炭、糠长恒窦，左右相杂，相如也。穴内口为灶，令如窑，令容七八圆艾。灶用四橐。穴且遇，以桔槔冲之，疾鼓橐熏之。必令明习橐事者勿令离灶口。……然则穴土之攻败矣。（《备穴》）

窑灶鼓橐的结构是，在坑道中建立一座简易的类似烧陶器砖瓦的窑灶。窑灶用艾绒、炭火引燃煤块。《备穴》篇说："百十煤，其重四十斤，燃炭佐之，满炉而盖之，毋令气出。"窑灶连接瓦制管道（以两半圆瓦筒合成，用泥涂缝）。管道均匀放置引燃生烟的炭糠混合物。

　　穴中与敌人遇，则皆御而毋逐，且（佯）战败以待炉火之燃也。（《备穴》）

穴中与敌人遭遇，只招架防御而不追逐进攻，假装战败退却，以等待炉火燃烧。"穴者"（坑道兵）负责穴口的掘进和堵塞，武士"以矛救窦，勿令（敌）塞窦"，"遇一窦而塞之，凿其窦，通其烟。烟通，疾鼓橐以熏之"。熟练的冶铁鼓风技师，谨守灶口，疾速鼓动排橐（以管道相连的风箱系列），用浓烟窒息敌人。

　　《备突》篇说：

　　城百步一突门。突门各为窑灶，灶入门四、五尺，为其门上瓦屋，毋令水潦（雨水）能入门中。吏主塞突门。……门旁为橐，充灶装柴艾，寇即入，下轮而塞之，鼓橐而熏之。

这是用窑灶鼓橐作为保卫城门城墙的武器。《备城门》篇说：

　　救埋池者以火与争，鼓橐，凭垣（女墙）外内，以柴为燔。

　　这是以窑灶鼓橐来烟熏填塞我护城河的敌人。

　　窑灶鼓橐作用在于烟熏室息敌人，近似于今日的催泪弹化学战。如果敌人用烟熏，怎么办？《备穴》篇说：

　　盆持醓（酒），客即熏，以救目。救目，分方凿穴，以盆盛醓置穴中，大盆毋少四斗，即熏，以目临醓上。

　　酒精比水可多溶解有害气体。所以，对付敌方烟熏，除向其他方向凿孔通气外，就是在坑道内预备一盆酒，以便避烟护目。这有点类似今日防毒面具的作用。

　　从墨者的设计看，窑灶鼓橐是军官（吏）、坑道兵（穴师、穴者），管道兵（陶者）、鼓风兵（明习橐事者）和武士（力勇之士）的协同作战。它是把制陶冶金的设备工艺，加以改造，移植到小城防御战中，作为坑道战，城池保卫战的防御武器。

五、巧机奇器多功能，旋转投掷显威风
　　——掷车和转射机的发明

　　墨者在守城战斗中发明和应用可以旋转投掷武器的掷车、

转射机，即墨子说的"技（巧）机掷之，奇器[投]之"。（《备
高临》），这大为加强远距离杀伤的功能。《备城门》说：

转射机，机长六尺，埋一尺。两材合而为之稳，稳长二尺。
中凿夫（露出部分）之为通臂，臂长至垣。

在城上每二十步装十台转射机，每台由熟练射手和助手操纵，
随时准备开机投射。派遣突击队开挖敌人准备水攻的堤坝，
需"城上为[转]射机疾佐之"（《备水》）。说明转射机
是配合部队完成守城任务的重型军械。另有一种用来投掷武
器的器械，叫作"掷车"：

诸掷车皆铁什（用铁加固）。掷车之柱，长丈七尺，其
埋入者四尺。夫长之丈以上至三丈五尺。马颊（像马头形状
的筐笼，用以盛装抛射物）长二尺八寸。试掷车之力而为之
困（加固），夫四分之三在上。马颊在三分中。治困以大车轮。
（《备城门》）

墨者规定二十步、三十步或五十步安装一台掷车。转射机或
掷车可抛射剑和炭火桶（相当于今日燃烧弹、喷火器）等武器：

施剑其面，以机发之。（《备梯》）

以木大围，长二尺四寸，而中凿之，置炭火其中而合冪之，而以掷车投之。（《备城门》）

掷车或转射机在击退敌人的云梯之攻（《备梯》）、水攻（《备水》）、土台之攻（《备高临》）、人海战术（《备蚁附》）时，都可以发挥其强大威力。

关于掷车、转射机的动力，在当时的条件下，可能是利用弹力。因为当时人们已经知道利用皮条、竹木或金属弹簧，可以产生弹力。1988 年夏，河南省考古工作者，在信阳地区光山县流庆山，发掘春秋早期黄季伦父墓，出土一百一十件金属弹簧形器，均为螺旋线左旋圆柱体，形状同现在的金属弹簧没有区别。在这些金属弹簧旁，伴有一团丝线和二十八件箭镞（含箭杆）。这种安排不是偶然，暗示利用弹簧器的弹力，可以提高弓箭的射杀力。战国时期墨者的能工巧匠，可能利用金属弹簧，制造投掷射击的器械。

六、挽弓当挽强，用箭当用长，一发竟百中，弋射制强梁
——连弩车的发明

墨者发明的一种最有力的进攻武器，是"连弩之车"。《备高临》篇说：

备高临以连弩之车。材大方一尺，长称城之厚薄。两轴三轮，轮居筐中，重下上筐。左右旁二植（柱），左右有横植。横植左右皆圆柄，内径四寸。左右皆缚弩于植。以弦钩弦，至于大弦。弩臂前后与筐齐。筐高八尺。弩轴去下筐三尺五寸。连弩机郭用铜一百三十斤。引弦辘轳收。筐大围半。左右有钩距，方三寸。轮厚尺二寸。钩距臂博（宽）尺四寸，厚七寸，长六尺。横臂齐筐外，爪尺五寸，有距，博六寸，厚三寸，长如筐。有仪（瞄准仪）。有屈申，可上下。为武（弩床），重一石，以材大围五寸。矢长十尺，以绳［系于］矢端，如弋射，以辘轳卷收。矢高弩臂三尺。用弩无数，出入六十枚。用小矢无留。十人主此车。

弩是用机关发射箭的弓。依靠手臂力量张开弓弦，叫"臂张"。用脚踏力量张开弓弦，叫"超足而射"，也叫"蹶张"。弩的发射力量大小，以弓弦能拉动的重量计算。齐宣王能用手

臂力量拉开三石弓（三石合二百六十斤）。周围大臣故意奉承他说："这弓不下九石，不是大王谁能拉开它？"于是齐宣王终生以为自己能拉开九石弓，其实不过三石。（《尹文子》）魏国武卒有"十二石之弩"，弓弦可拉动十二石重量。《备城门》篇说：

> 二步一木弩，必射五十步以上。及多为矢。即无竹箭，以楛、赵柘榆可，益求齐铁矢，播以射冲及栀枞。

城上两步即配备一张木弩。《号令》篇说："诸男子有守于城上者。什六弩，四兵。"即守城男卒十人中有六人持弩，四人持其他兵器。城上每三十步建立一座宽十尺、长一丈二尺的"弩庐"。还有专门"载矢"的车子。（《杂守》）规定在坑道战中，因地方狭窄，要使用型号缩小的"短弩"（《备穴》）。墨者在守城战斗中普遍用弩。

墨者所用木弩，射程要求达五十步（古尺三十丈）以上，箭杆规定为竹制或楛木和赵国所产柘榆，铁矢最好为齐国所产。可见其武器装备讲求高质量，这是为了提高射击敌方冲梯、瞭望塔等重要目标的准确性和杀伤力而必备的。据《备高临》篇记载，禽滑厘问墨子：

敌人积土为高，以临吾城，薪土俱上，以为羊黔（土山基址），蒙櫓俱前，遂属之城，兵弩俱上，为之奈何？

敌人以牛皮和大盾为遮掩，用柴薪和黄土筑起土山，接近我城，兵弩等进攻武器都用上，怎么办？墨子回答说，用"连弩之车"。墨子"连弩之车"，如果我们把它复制出来，摆在古兵器的展览大厅里，那一定相当宏伟壮观。

连弩，顾名思义，是把许多弓弩连结起来。用一个带现代意味的名词，可以叫作弓弩系列、弓弩集群或弓弩母机。因为它要"以弦钩弦，至于大弦"，可见它的弦至少有三层或更多层次。其钩弦的装置，是一个网状结构。这样多的子弓弩，这样多层次的弓弦，张拉的力量决不是一个人的臂力或脚踏力所能胜任。所以"引弦"要用"辘轳收"，用绞车牵引。而其发射机关，应该坚固耐磨又灵便，于是规定要用铜制："连弩机郭用铜一百三十斤。"发射机关用铜竟重一百三十斤，约合今三十四公斤。而钩住弓弦的钩距（牙）有三寸见方，钩距臂有一点六八立方尺大。弩床底座所用木材横截面为一平方尺大，长度跟城墙厚度相当。车轮厚度为一尺二寸。为了增加射击精确度，车上装有瞄准仪。为调整射击方位，特地装有名叫"屈伸"的装置（可能是利用斜面的简单机械，如螺旋之类），以保证车身可上可下。这种重型机械需有十人驾驭。唐代诗人杜甫诗："挽弓当挽强，用箭当用长。射人先射马，擒贼先擒王。杀人亦有限，列国自有疆。苟能制侵凌，岂在多杀伤？"墨者的连弩车，是当时最强劲有力的弓弩。其用箭之长，竟有十尺。一次能发射六十只。"小矢"可发射"无数"，勿需回收。这可以说是"一发竟百中"。所射十尺长箭，用细绳系连矢端。射出一次，可用绞车收回，重复使用。这就像狩猎中的"弋射"。弋射是猎获飞雁，墨者弋射是制服横暴敌寇。

这种"连弩之车"的威力，正如后人描绘：弩"以绞车张之，巨矢一发，声如雷吼"。"其牙一发，诸弦齐起，及七百步，所中城垒，无不摧陷，楼橹亦颠坠"。（唐李筌《太白阴经》；杜佑《通典》）墨者很清楚武器装备的重要。自己小城不过万家，而"务夺侵凌"的敌国强寇，却有十万之众。要保卫自己的小城，需要运用杀伤力最强的武器，消灭敌人有生力量，否则不能克敌制胜。如果让墨者写诗，他们当写："苟能制侵凌，岂畏多杀伤？"墨子正是这样回答禽滑厘：

　　强弩射之，投机掷之，奇器［投］之，然则羊黔之攻败矣。

用"强弩"即"连弩之车"向敌人射箭，用转射机向敌人投剑，用掷车向敌人抛火，把一切进攻手段都用上，才能击败攻城的强寇。

第四节　精心设计　严格施工　森严壁垒　陷敌于阱
——城防工程

墨家很重视修筑城墙等工事，"城郭不备全，不可以自守"。（《七患》）墨子说："凡守围城之法：城厚以高，壕池深以广，楼撕修，守备缮利"，"然后城可守"。即城墙修得厚又高，护城河挖得深又宽，城门楼修得高大坚固，守城器械准备得充分完好。这些条件都具备，才能在敌人千军万马的围攻下坚守取胜。（见《备城门》）墨者集团的智者，在各种城防工程中，充分施展才干。

一、烽火城外百尺楼
——遍布四郊的报警设施

战争是时间、速度和组织能力的竞赛。《杂守》篇记载当时遍布城市四郊的亭燧守望和烽火报警设施，以便迅速传递信息，争取主动：

筑邮亭（亭燧守望处所）者圜之（圆形），高三丈以上，令倚杀（有坡度）。为臂梯，宽三尺，连板三尺，复以绳连之。堑再匝，为悬梁（吊桥）。亭一鼓，笼灶。寇烽，警烽，乱烽，传火，以次应之，至主国止。其事急者，引而上下之。烽火以举，辄五鼓传，又以火属之，言寇所从来者多少，毋淹滞。去来属次，烽勿罢。

《号令》篇：

望见寇，举一烽。入境，举二烽。压郭，举三烽。入郭，举四烽。压城，举五烽。夜以火，皆如此。

以上详细说明亭燧建筑的制式和传递信息的方法。在城堡的四面郊野，每隔一定距离，筑一高台。台下周围开挖双重壕沟，安装吊桥以防卫。台上建高数丈的守望观测楼亭，楼亭内有阶梯以供攀登。设有鼓、灶和举火的滑车。发现敌情，若在白天，就点燃柴薪，以升烟为号。若在黑夜，就提升火炬，以举火为号。敌情紧急，引火反复上下。烽火和击鼓配合，可以表示来寇多少。见寇举一烽，入境举二烽，到外城举三烽，进外城举四烽，到内城举五烽。如此各亭燧辗转传递，讯息可速达城上。

伴随烽火和击鼓装置，还有树表和举帜的设施：

士侯无过十里，居高便所树表，三人守之。比至城者三表，与城上烽燧相望，昼则举烽，夜则举火。（《号令》）

侯者曹无过三百人，日暮出之，为微帜。空隧（幽径）要塞之人所往来者，令可以迹者无下里三人，平明而迹，各立其表，城上应之。侯出越田表，斥坐郭门之外内，立其表，令卒之半居门内，令其多少无可知也。即有警，见寇越田表，城上以麾指之，辄击鼓，整旗以战备，从麾所指。（《号令》）

寇附攻前池外廉（敌人攻到护城河外沿），城上当队（敌人正面进攻处）鼓三，举一帜。到水中洲，鼓四，举二帜。到藩（篱），鼓五，举三帜。到凭垣，鼓六，举四帜。到女垣（墙），鼓七，举五帜。到大城，鼓八，举六帜。乘大城半以上，鼓无休。夜以火，如此数。寇却解，辄部（署）帜如进数，而无鼓。（《旗帜》）

树表是建立标记。士侯或斥侯是警戒兵。城外十里之内，在高地建立警戒点，树立标记。这是亭燧守望的辅助设施。每个警戒点派三个警戒兵守卫。城郊警戒兵白天黑夜轮流值班，并配有特殊旗帜。每天清早，派熟练的侦察兵（"可以迹者"），到行人常经过的路径要塞去勘察行迹，树立标记，并与城上互通信息。发现敌情，城上用旗指挥，按规定击鼓，全城警戒，随时准备迎击敌人。

当敌人进攻到护城河外沿时，城上正对着敌人进攻处击鼓三下，举一面旗帜。如此到水中洲、栅栏、城墙跟，女墙，都有击鼓举旗的不同规定。敌人退却时，举旗数与进攻时相当。

烽燧、击鼓、树表和举帜，是发出不同军事信号的装置和设施。烽燧、树表、举帜属视觉符号。击鼓属听觉符号。由于它们可以表达不同的敌情信息，所以具有跟自然语言符号同样的指挥功能和交际功能。墨者把这些视觉和听觉符号叫作"言"，可以表示"寇所从来者多少"等语义。烽燧、击鼓、树表、举帜有语形（不同的符号约定）、语义（涵义）和语用（人的理解）的不同性质。因此，可以把这看作中国古代军事符号学的萌芽和应用。

二、连云列战格，飞鸟不得逾

——壕池内外的设防

墨者记载守城阵地前沿严密的警戒措施：

寇所从来，如昵道、近傺与城场，皆为傺楼。立竹箭水中。《号令》

墙外水中为竹箭，箭尺广二步，箭下于水五寸。杂长短。

前外廉三行，外外向，内亦内向。（《杂守》）

凡敌人进攻必经的道路场所，都建立哨楼。在护城河中，有一丈二尺宽的竹签带。所插竹签上端，在水面下五寸，使敌人看不出。竹签削尖，或长或短，互相间杂。在靠护城河外沿的三行竹签，外面的一行尖朝外，里面的一行尖朝里，以便使敌人进出都受阻。在护城河与城墙间的开阔地上，布满层层战栅：

　　置裾城外，去城十尺，裾厚十尺。伐裾之法，小大尽本断之（做栅栏的树木连根挖出），以十尺为断，离而深埋之，坚筑，毋使可拔。（《备梯》）

　　长五尺，大围半以上，皆削其末，为五行，行间广三尺，埋三尺，犬牙竖之。（《备蚁附》）

　　战格，埋四尺，高者十尺，木长短相杂，锐其上而外周厚涂之（外涂厚泥防火烧）。（《备蚁附》）

战栅由大小树木构成。采伐时连根掘出，高者十尺，短者五尺，削尖树干上端，犬牙交错，长短相杂，坚固埋之，周围夯实，外涂泥，使敌人不易拔出烧毁。远远望去，根根削尖的木桩密竖如林，敌方大队人马和大型军械难以接近城堡。

三、设巧计诱敌深入，藏暗机强寇被擒
——伪装的活动吊桥

兵不厌诈。《孙子》说："兵者，诡道也。""兵以诈立。"《韩非子》说："战阵之间，不厌诈伪。"在墨者的城防工程中，贯穿这一指导思想：

去城门五步大堑之，高地丈五尺，下地至泉，三尺而止，施栈其中，上为发梁而机巧之，比附薪土，使可道行。旁有沟垒，毋可逾越。而出挑（战）且（佯）败，敌人遂入。引机发梁，敌人可擒。敌人恐惧，而有疑心，因而离。（《备城门》）

离城门三十尺，挖一条壕沟，一丈五尺深，下面挖出地下水。壕沟上敷设吊桥，吊桥有活动桥板，以特地精心设计的机关控制，可视需要接通或断开。吊桥上临时铺上树枝和黄土，看似平坦大道，可以行人走车马。桥两边有沟垒，不可逾越。当敌我两军对垒时，派突击队前去挑战，敌人进攻，佯装战败，且战且退，诱敌深入。敌人上当，一齐拥上活动吊桥。机械

师立即引发暗藏机关，活动吊桥顿时拦腰断开，桥上敌寇纷纷落水被擒。其他敌人见状，如惊弓之鸟溃逃。

这种计擒强寇的"发梁机巧"（伪装活动吊桥），是墨者集团军事机械师的发明。《太白阴经》谓："转关桥一梁。为桥梁，端著横桰。拔去桰，桥转关，人马不得渡，皆倾水中。秦用此桥以杀燕丹。"这里说的"转关桥"，袭用墨者的"发梁机巧"。

四、一夫当关，万夫莫开
——城门的防卫设施

枥上骅骝嘶鼓角，门前老将识风云。墨子深知城门防卫的重要，特撰《备城门》篇。当时城门的防卫设施，计有城门外的活动吊桥、城门的关锁、活动保险门的增设和城门楼居高临下的守护四道防线。

1. 城门外的活动吊桥。这是入城门的第一道防线。

2. 城门的关锁。《备城门》说：

门植关必环固，以固金与铁包之。门关再重，包之以铁，必坚。锁关，关二尺，锁关一管，封以守印。时令人行貌（视察）封及视入框深浅。

顶门杠一定要用铜铁之类的金属部件加固。门关双重，以铁加固。门锁长二尺，其上封盖城防司令的官印。经常派人检查封印是否完好和门栓入框深浅度是否合格。这是城门的第二道防线。

3. 活动保险门的增设。《备城门》说：

凡守城之法，备城门为悬门沉机，长二丈，广八尺，为之两相如。门扇数令相接三寸，施土扇上，无过二寸。堑中深丈五，广比扇，堑长以力为度，堑之末为之悬，可容一人所。

为了预防万一，增设活动保险门，即"悬门沉机"。悬门长两丈，宽八尺，与城门相当。两扇悬门密接合缝。为防敌人火攻，门上涂泥，备有救火设备（水缸、麻斗、革盆）。悬门上设开闭机关，有专人管理。若有敌情，开动机关，将悬门放下。这是城门的第三道防线。

4. 城门楼居高临下的守护。《备城门》说：

属城再重楼。皆令有力者主敌，善射者主发，佐皆厉矢。

《号令》篇说：

及（敌）附城，守城将营无下三百人。四面四门之将，必选择之有功劳之臣及死事之后重者（烈士的重要亲属），从卒各百人。门将并守他门。门之上，必为高楼，使善射者居焉。

四面城门之上，皆建保卫城门的高楼。每位守门的将官，率领由力士（有力者）和优秀射手（善射者）组成的百名精兵，随时监视着城门外的开阔地。如有敌人接近，用利箭射。这是城门的第四道防线。

上述城门防卫设施，相当周密。可谓一夫当关，万夫莫开。

五、城上建楼亭，谨候望敌人

登城上展望四周，许多楼亭尽收眼底。

子墨子曰：问穴土之守耶？备穴者城内为高楼，以谨候望敌人。（《备穴》）

城四面四隅皆为高楼，使重室子居其上候敌，视其状态与其进退、左右所移处。（《备城门》）

百步一亭，垣高丈四尺，厚四尺，为闺门两扇，令各可

以自闭。亭一尉，尉必取有重厚忠信可任事者。（同上）

城上建楼亭，为的是瞭望监视敌人，以便及时采取相应措施。墨者在其军事论文中，指明楼亭的建制、数据和作用，列举"城上之备"即各种军需的配备，指出：

城上广三步到四步（即十八到二十四尺），乃可以为使斗。（《备城门》）

即除各种实用的楼亭建筑之外，还要留下足够的地盘（十八到二十四尺），以便于施展战斗行动。

六、管制交通的街门岗哨

在守城战斗进行时，城内实行戒严，各街门设管制交通的岗哨：

巷术通周道者必为之门。门二人守之。非有信符勿行。不从令者斩。（《旗帜》）

门有吏，主诸门里管闭，必须太守之节。谨择吏之忠信者，无害可任事者。（《号令》）

各街巷通大道处均设置里门岗哨。主管军官由太守（战时地方最高武官）委派。每个岗位派两个警戒兵守护，没有通行证者不得通行。墨子止楚攻宋成功，路过宋国时正下大雨，想进街里避雨，因没有通行证而被拒绝入内。（见《公输》）墨子制定的规矩，也管住他自己，他也得遵守。

七、戒备森严的城防司令部

墨者军事论文所指的保卫对象，是郡级小城。小城的中心是郡守的住处和办公处所，墨者称为守楼、守堂、守宫、守舍。《号令》篇说：

守堂下为大楼，高临城，堂下散周道。

守宫三匝，外环，隅为之楼（岗楼）。内环为楼（大楼），楼入堡宫丈五尺为复道。

守楼临质宫而善周，必密涂楼，令下无见上，上见下。下无知上有人、无人。

堡宫之墙必三重，墙之垣，守者皆累瓦釜墙上，保卫必取戍卒有重厚者。

环守宫之术衢，置夹道，各垣其两旁，高丈，为俾倪（窥视孔），监视堡宫。夹道、垣外衢街皆为楼（岗楼），高临里中，楼一鼓。

郡守的住地和办公地，在城的制高点（巨大的夯土台基）上。内有宏伟的楼堂建筑群，居高临下，俯瞰全城。周围有数重高大的墙垣，以及守卫严密的繁复道路。"守楼"的建筑很有讲究：上可看下，下却不能看到上边。郡守在楼堂中应客，郡守堂有专人负责把通信兵送来的紧急情况报告郡守。郡守将其与城门和城墙上交来的情报予以参照，做出决定。

第五节　积极防御费运筹　兴利除害追穷寇
——防御战实施

一、积极防御，彪炳千古

在兴利除害的总目标下，墨子提倡积极防御的战略方针。古有"墨翟之守"或"墨守"的成语。战国时齐说客鲁仲连，写信劝说燕将撤聊城之守："今公又以弊聊之民，拒全齐之兵，期年不解，是墨翟之守也。"（《战国策·齐策六》）可见当时已有"墨翟之守"的成语流传。

著名史学家司马迁未为墨子立传，但在《孟子·荀卿列传》中顺便提到墨子，肯定其"善守御"，善于守城，长于打防御战。此后，"墨翟之守"和"墨子善守御"被简化为"墨守"，"墨守"又成为"善守"的同义语。后汉何休把著作取名为《公羊墨守》，意为《春秋公羊传》义理深远，不可驳难，如墨子之守城然。(《后汉书·郑玄传》) 明清之际思想家黄宗羲有"未尝墨守一家"之语 (《钱退山诗文序》)。"墨守成规"成语，尽人皆知。撇开其中坚守陈规而不知改变的贬意不说，"墨守"的意思，仍是取墨子"善守"意。

墨子防御战，是积极防御，不是消极防御 (专守防御或单纯防御)。《号令》篇说：

> 凡守城者以急伤敌为上，其延日持久，以待救之至，不明于守者也。能此，乃能守城。

即把杀伤来犯之敌，看作守城战斗的当务之急。单纯防守，不利于御敌守城。又说：

> 敌人但至，千丈之城，必郭迎之，主人利。不尽 (及) 千丈者勿迎也，视敌之部曲众 (多) 少而应之。此守城之大体也。其不在此中者，皆心术与人事参之。

当时的"千丈之城"相当于郡县级小城，大约住有居民万户。墨者认为，须出兵拒敌于郭门之外，杀伤敌人。当然，具体的作战部署还要视敌人的数量多少，力量强弱，参酌敌我力量对比而变通，不能死守书本规定。《备梯》篇说，当敌人在我英勇抗击下"引兵而去"时，要"令吾死士（敢死队）左右出突门击溃师，令贲士（勇士）、主将皆听鼓之音而出"杀敌，在整个战役中屡屡"出兵施伏"（布置埋伏），到深夜在城上四面配合下，杀伤敌人有生力量，动摇侵略者军心。

二、坚壁清野，准备战斗

城市是附近地区政治、经济、文化的中心。为了保卫城市，不得不暂时牺牲局部利益，坚壁清野：

城之外，矢之所逮，坏其墙，无以为客御。三十里之内，薪蒸木皆入内。狗彘豚鸡食其肉，敛其骸以为醢，腹病者以起。（《迎敌祠》）

寇至，先杀牛羊鸡狗兔雁彘，皆剥之，收其皮革、筋、角、脂、脑、羽。（《杂守》）

除城场外，去池百步，墙垣，树木大小俱坏伐除去之。（《号令》）

去郭百步，墙垣、树木大小尽伐除之。外空井尽窒之，无令得汲也。外空室尽发（拆除）之，木尽伐之。诸可以攻

城者尽纳城中。当街材木不能尽纳，尽烧之，无令客（敌）
得而用之。（同上）

在城郊一定范围内，推倒墙垣，砍伐树木，拆除民房，宰杀禽畜。
这一是为避免敌人掠夺利用；二是为不给敌人提供掩蔽藏身
的条件；三是为征集利用物资以加强备战。这也是贯彻墨子
节约和物尽其用的思想。皮革、筋角、脂羽等收购作为军需
品（制盾甲、飞矢与火炬的原材料）。骨头集敛，制肉酱，
可治病。

　　论小城不自守通（交通要道）者，尽保其老弱、粟米、畜产。
（《号令》）
　　城小人众，保离乡老弱国中及大城。（同上）

没有能力守住的郊区交通要道，要把老弱、粟米、畜产转移
至城中保护。小城无法坚守，把老弱疏散到安全地带或其他
大城。

三、擂鼓动员，迅速集合

《号令》篇说：

辛有警事，中军疾击鼓者三。城上道路，里中巷街，皆无得行。女子到大军。令行者男子行左，女子行右，无并行。

寇至，楼鼓五，又周鼓，杂小鼓乃应之，小鼓五后从军，断。

万鼓雷殷地，千旗火生风。敌人进犯消息，突然来到。郡守将领立即发布命令。中军司鼓，按照早已规定好的鼓点暗号，紧急擂响战鼓。军令如山倒，在集合部队的紧急时刻，城上道路，城中街巷，都不许行人随意走动。女兵疾步走出家门，与年轻力壮的男卒一起，奔赴岗位。敌寇接近城墙，城门楼上擂鼓五遍。城上四周紧接着击鼓以警众。凡装备有小鼓的各分队都立即响应，擂鼓集合部属。小鼓擂响五遍，尚未把部队集合起来，部队首长受惩处。

兵贵神速。保证以最快的速度集合部属。守城战斗是关系国家存亡，人民生命财产安全的大事，时间就是生命，贻误战机是犯罪。军队编制中的每一个人，都应服从这一整体利益。

四、兵来将挡，水来土掩

——守城战法

墨子对当时流行的攻城战法，有精深研究，提出针锋相对的攻破方法。《备高临》、《备梯》、《备水》、《备穴》、《备蚁附》篇，是墨子提出的攻破方法。

有一次，禽滑厘问墨子：今"甲兵方起于天下，大攻小，强执弱，吾欲守小国，为之奈何？"即小国如何实行积极防御的战略方针，抗击好战大国的侵略行径。

子墨子曰："何攻之守？"

禽滑厘对曰："今之世常所以攻者，临、钩、冲、梯、堙、水、穴、突、空洞、蚁附、轒辒、轩车，敢问守此十二者奈何？"（《备城门》）

临、钩等十二种攻城战法是兵员、武器、工程和战术几种要素的综合作用。墨子与后学禽滑厘等对这十二种战法都有相应的对策。

1. 破高台攻城法。《备高临》：

禽子曰："敢问敌人积土为高，以临吾城，薪土俱上，以为羊黔（土山基址），蒙櫓俱前，遂属（临近）之城，兵弩俱上，为之奈何？"

子墨子曰："子问羊黔之守也？羊黔者将之拙者也，足以劳卒，不足以害城。守为台城，以临羊黔，左右出距，各二十尺，行城三十尺，强弩射之，技机掷之，奇器 [射] 之，然则羊黔之攻败矣。"

"临"的战法，是敌方在城外用牛皮和大盾为掩护，以树枝、黄土为原料，筑土台以窥望城内，以"兵弩"射城。"临"有居高临下的意思。

墨子认为，这是敌人一种不聪明的战法。因为它足以使士卒劳顿，而不足以重创吾城。这时，我方可以在城上像搭建筑脚手架那样，构筑一座三丈高的"台城"（行城），并于台上用强弩放箭，巧机抛掷，奇器投射，敌"临"的战法，就可以攻破。

2. 破云梯攻城法。《备梯》篇：禽滑厘问墨子，如果敌人多而且勇敢，把护城河填平，武士争先恐后地爬云梯登城墙，怎么办？

墨子回答说，云梯是一种重兵器，移动困难。对付的办法是，让"力士"操纵连弩车、掷车、转射机和冲撞机等各种器械，"令案目者视敌，以鼓发之，夹而射之，重而射之，技机掷之，城上繁下矢、石、沙、灰以雨之，薪火、水汤以济之"，"则云梯之攻败矣"。对准爬云梯的敌人，各种武器都用上。利剑刺向敌人，冲撞机向敌人撞击，矢、石、沙、灰像下雨一样，降临在敌人头上，薪火向敌人烧，开水向敌人浇，云梯之攻不难击破。

3. 破水攻法。《备水》篇说：

备水谨度四旁高下。城中地偏下，令渠其内。及下地，地深穿之，令漏泉。置测瓦（水涨表）井中，视外水深丈以上，凿城内水渠。

这是测量水位和开挖排水沟渠的方法。应该仔细测量城内外地势高低。如果城内地势偏低，就开凿排水沟。如果地势特别低洼，排水沟要挖到露出地下水位为止。

若敌人在城外筑堤拦水，准备水淹吾城，《备水》篇提出如下对策：

并船以为十临。临三十人。人擅弩。必善以船为轒辒。二十船为一队，选材士有力者三十人共船，其二十人有锄，

厚甲鞮鍪（头盔）。十人擅矛。视水可决，以临𫐉𫐐（用船
冲撞敌堤），决外堤，城上为转射机疾佐之。

为了决开敌人堤坝，特组织强有力的船队。把两船合并为一，
这叫作"临"。船队由十临即二十条船组成。每临由三十名
训练有素的"力士"做乘员，十临共需乘员三百名。其中
二百人披甲戴盔，手持锄镢，担任决堤任务。一百人持矛作
掩护。实施决堤作业时，城上用重武器"转射机"给予有力
配合，则敌水攻之法可破。

　　4. 坑道战术。《备穴》篇：

　　禽子曰：敢问有善攻者，穴土而入，缚柱施火，以坏吾城。
城坏，或中人，为之奈何？

　　子墨子曰：问穴土之守耶？备穴者城内为高楼，以谨候
望敌人。敌人为变、筑垣聚土非常者，与旁有水浊非常者，
此穴土也。急堑城内，穴其土直之，凿穴迎之。

敌人在城墙上挖掘坑道，在坑道中先立坑木支撑。然后烧断
坑木崩塌城墙，并杀伤守城将士。对此，墨子提出，第一步
是在城墙高楼中密切隙望监视敌人。发现城墙外有聚土、城

濠水浑浊等现象，就可判断敌人正在挖坑道。第二步是以坑道战术对付坑道战。《备城门》篇说：敌人为穴而来，"我急使穴师选士，迎而穴之"。掘坑道技师挑选技术熟练的坑道兵开掘操作。"必审知攻隧之广狭，令斜穿其穴，令其广必夷客隧。"即我之坑道不与敌之坑道正对，而是要斜穿，使挖掘出的土，可顺势夷平敌人坑道。这是墨者参与挖掘坑道的经验之谈。《备穴》篇：

穴中为环利索，穴二。

攻穴为传土之 [具]，受六参（畚箕），约绳以绊其下，可提而举投。已，则穴七人守退垒之中，为大庀，藏穴具其中。

凿坑道时使用两部绞车（辘轳），作为运土器械。穴中筑有侧洞，可供守护、休息和贮藏工具用。

在坑道中有以下战斗方式：

穴且遇，为桔槔，必以坚材为夫（杆），以利斧施之（装上利斧），命有力者三人用桔槔冲之。

为铁钩拒长四尺者，穴通，以钩客穴。

为短矛、短戟、短弩，穴通以斗。

即用冲撞机冲撞击杀敌人，用铁钩拒推拉杀伤敌人，用短弩飞矢射杀敌人，用短矛短戟与敌人"短兵相接"。"窑灶鼓橐"是墨者喜用的坑道战武器。

5. 破"蚁附"攻城法。《备蚁附》篇：

禽子曰："敢问敌人强梁，遂以附城，后上先斩，以为法程，堑城为基，掘下为室，前上不止，后射既疾，为之奈何？"

子墨子曰："子问蚁附之守耶？蚁附者将之忿者也。守为行楼射之，技机掷之，火汤迫之，烧荅覆之，沙石雨之，然则蚁附之攻败矣。

蚁附就是以密集的队伍攻城。敌军法规定"后上先斩"，即谁爬城落在后边，就先杀头。"将之忿"，就是敌人攻城久攻不下，于是将帅不胜其忿怒，驱使部下像蚂蚁一般爬城。《孙子·谋攻篇》说："修橹轒辒，具器械，三月而后成，距堙又三月而后已。将不胜其忿，而蚁附之，杀士三分之一，而城不拔者，此攻之灾也。"制造攻城的巢车（瞭望塔）和轒辒（掩护部队接近城堡的兵车），准备攻城器械，花三个月，构筑攻城的土山又花三个月。于是将帅等得不耐烦，命令部队以密集队形冲城。即使数万军士死去三分之一，而城还是拿不下来，这是一种很坏的进攻方法。孙子认为这是不高明的战术。

蚁附，今天叫人海战术。墨子提到的破蚁附的战斗方式有多种。除"行楼射之"、"技机掷之"、"火汤迫之"、"烧苔覆之"、"沙石雨之"之外，还有一种对付"蚁附"的特殊战法：

备蚁附为悬脾。以木板厚二寸，前后三尺，旁广五尺，高五尺。而制为下磨车（辘轳、绞车），轮径尺六寸。令一人操二丈四矛，刃其两端，居悬脾中。以铁锁二缚悬脾上衡，为之机。令有力者四人上下之，勿离。施悬脾，大数二十步一。攻队在，六步一。

悬脾战法，是四位大力士用绞车牵引木箱，箱内藏勇士操长矛以刺敌。悬脾这种特殊军械，二十步安装一台。敌人正面进攻处，六步安装一台。这种守城战斗，相当壮观。墨者充分利用技术优势，以增强部队的战斗力。

五、追击穷寇，毫不留情

墨子的积极防御方针，不仅体现在守城战斗的相持阶段，而且在反攻阶段，也要极力追击歼灭敌人。

儒家学者提出一个观点，即"君子胜不逐奔，掩函弗射，驰则助之重车"。意即君子打仗胜利，不追逐溃逃的敌人，用手按住箭囊不向敌人射箭，敌人准备溃逃，则帮助引挽重车。

墨者认为，这种观点极其荒谬。他们把交战双方分为仁人（仁义之师）和暴人（残暴掠夺别国财富的军队）两类。他们之间的组合，有以下三种：1. 双方都是"仁人"；2. 双方都是"暴人"；3. 一方是"仁人"，一方是"暴人"。

如果交战双方都是"仁人"，则这种假定不成立。因为"仁人以其取舍是非之理相告，无故从有故，弗知从有知，无辞必服，见善必迁"，即"仁人"讲道理，服从真理，不相互交战。

如果交战双方都是"暴人"，则无论怎样实行"胜不逐奔"，还是不能算是"君子"。因为交战双方都是非正义的，都是"残暴之国"。

如果交战的一方是"仁人"，另一方是"暴人"，那么"仁人"应该贯彻"为世除害"的总方针，"兴师诛罚"暴人，不应该实行"胜不逐奔，掩函弗射，驰则助之重车"的错误方针。如果这样，将会使"暴乱之人得活，天下害不除"，这就等于"群残"天下的父老兄弟，"深贼（害）世"，是最大的"不义"。（《非儒》）

　　墨者所批评的儒者"君子胜不逐奔"的观点，就是历史上有名的宋襄公式的仁义道德。宋襄公说："寡人闻君子曰：不推人于险，不迫人于厄，不鼓不成列。"（《韩非子·外储说左上》）《孙子·军争》篇说："归师勿遏，围师必缺，穷寇勿迫。""穷寇勿迫"后世一般引作"穷寇勿追"。

　　按照墨者的观点，"穷寇"应该毫不留情地追击歼灭。这是墨子战争观的必然引申，因为他坚持以正义战争反对不义战争，所以必然主张积极防御，并在防御中尽一切努力最大限度地消灭敌人。而消灭发动侵略战争的敌人，才能有效地保卫祖国和从事和平劳动的人民。墨子的这种思想独到深刻。

第六章 为非攻远游齐楚
谋备御近说鲁卫

——军事游说活动

第一节　楚国恃强　谋攻弱宋　大智大勇　马到成功
——成功游说范例

止楚攻宋故事，是墨子事迹中最富有戏剧性的一幕。楚是当时疆域最大的诸侯国，是南方有名的好战大国。宋是小国，位于楚国北面。墨子同乡、鲁国名匠公输般（鲁班）从鲁国到楚国，帮助楚国制造武器。发明制造用于舟战的钩拒之器和配套的各种兵器，使楚国在与越国的舟战中明显占优势，大败越军。（《鲁问》）

公输般帮助楚国战败越国后，在楚惠王四十九年，即公元前 440 年，帮助楚国攻打宋国。墨子听到消息，安排大弟子禽滑厘带领三百名精壮徒弟，操持墨子监制的守城器械，帮助宋国守城。亲自出马游说楚国，用道理说服公输般和楚王，让他们放弃攻宋打算。

墨子单枪匹马从鲁国出发，走十天十夜。鞋走破，脚磨出厚茧，毫不在意，从衣服上撕下块布，包上脚继续走。到达楚国都郢，公输般见到老朋友墨子，忙迎上前，问："先生这么远赶来，有什么见教？"墨子设计策说："咱老家有人侮辱我，我想请你杀他。"公输般不高兴。墨子说："我送你二百两金子。"公输般说："我讲仁义，从来不杀人。"墨子很高兴公输般讲出这话，站起来再次拱手行礼说："很好，请让我再说几句：'我从北方听到你造云梯，准备攻打宋国。宋国有什么罪要被攻打？楚国有余的是土地，不足的是老百姓。杀所不足，争所有余，不能说智慧。宋国没有罪，而去攻打它，不能说仁义。你知道这些道理，而不到楚王面前争辩，不能说忠诚。你到楚王面前争辩，却不能说服楚王，不能说维护真理的能力强。你讲仁义不杀少数人，却造云梯杀多数人，不能说知道是非类别。'"

公输般听到老朋友这篇雄辩说词，心悦诚服。墨子说："既然如此，难道你还不停止攻宋吗？"公输般说："不行，我已经跟楚王说好，商量攻宋的方案。"墨子说："怎么不赶快带我去见楚王？"公输般答应。

墨子见楚王。楚王早就知道墨子是"北方贤圣人"，仔细倾听墨子议论："现在有一个人，自己有豪华车不坐，却偷邻居的破车子；自己有锦缎衣服不穿，却偷邻居的粗布短袄；自己有精米肉食不吃，却偷邻居的糟糠饭。这是什么人？"楚王说："一定是有偷窃病！"墨子说："楚国疆域方圆有五千里，宋国疆域才五百里，这好比豪华车和破车子；楚国有长松、文梓、楠木、豫章，宋国却没有大树，这好比锦缎衣服和粗布短袄；楚国有云梦泽，满是犀兕麋鹿，长江汉水的鱼鳖鼋鼍富冠天下，宋国连雉兔狐狸都没有，这好比精米肉食和糟糠饭。从这三个比喻看，楚国攻打宋国，跟有偷窃病的人类似。这样大王一定会丧失道义，必定失败。"楚王说："说得好！不过，公输般已经为我造好云梯，我一定要把宋国拿下来！"

墨子就用腰带模拟城墙，以木片表示各种攻城器械，在楚王面前同公输般反复演示各种攻守方案。公输般攻城方式和器械换九次，九次被墨子打败。公输般攻城器械用尽，墨子守城器械还有剩余。接着让公输般演示守城，墨子攻城。公输般九次设计守城方案，墨子九次攻下。公输般无计可施，只好认输。

公输般灵机一动说："我知道怎么赢你，可是我不说。"墨子心里明白公输般的意思，答道："我知道你想怎么赢我，可是我也不说。"楚王莫名其妙，问："你们说的是什么！"

墨子说："公输般的意思，不过是想杀我。杀我，宋国就守不住，楚国就能把宋国攻下来。但是我早已布置好禽滑厘等三百个弟子，手持我最近新研制的守城器械，在城上严阵以待，随时准备着消灭胆敢来犯的楚寇！即使杀我，墨家扶弱抗强的正义事业还后继有人。"

楚王说："好吧！我决定不去攻打宋国。"

墨子终于以他的充足备御为后盾，以他的出色谋略辩才为武器，成功说服公输般和楚王，制止一场即将爆发的残酷战争。这等于使宋国的守城之役不战而胜，为宋国人民立一大功。

墨子完成止楚攻宋的壮举，由楚国返回鲁国途经宋国时，"天雨，庇其闾中，守闾者不纳"。这个小插曲耐人寻味。墨子这次游说，既无浩浩荡荡的车队随从，又无高雅考究的装束。过宋国时宋城的戒严令还未解除。守里门的吏卒严格执行规定，见他没有通行证不放行。这位墨家集团的领袖，只好老老实实服从他自己规定的戒严纪律，毫无怨言。

第二节　齐欲攻鲁　国君问计　劝说齐国　平息战争
——游说事例种种

　　为实现"非攻"的思想，墨子的许多游说活动，都是围绕反对大国攻伐和替小国谋取备御而展开的。有一次，鲁国国君察觉齐国将要兴师攻伐鲁国，焦急之中向墨子问计，请他为自己设计挽救鲁国的方案。墨子首先引用历史上正反两方面的经验，坚定国君救鲁御齐的决心。接着忠告鲁君，在内政方面要仁爱厚利百姓，以壮大国力。在外交方面，以毛皮布帛等贵重礼物和谦卑恭敬的言词，结交四邻诸侯寻求支援，设法同齐国讲和，使其不易找到发动战争的借口。这样就可挽救鲁国，此外别无他法。（《鲁问》）墨子的救鲁方案，暂时延缓强齐攻弱鲁的战争，为鲁国赢得喘息之机。

　　在墨子时代，齐为有名的好战大国。墨子说："今天下好战之国齐晋楚越。"（《非攻下》）又说："诸侯力征，南有楚越之王，而北有齐晋之君，此皆砥砺其卒伍，以攻伐并兼。"（《节葬下》）鲁国是小国，北部与齐接壤，经常受到齐国侵略。如公元前412年，齐攻鲁的葛和安陵；次年齐伐鲁，占领鲁国的城市；公元前408年，齐攻取鲁国名叫"郕"的地方；公元前349年，齐攻取鲁国名叫"最"的地方；

公元前 385 年，齐攻打鲁，鲁国失利。墨子为节制齐将项子牛对鲁国的侵略行径，委派弟子胜绰做项子牛的侍从。胜绰违背墨子意愿，接受项子牛的厚禄，支持纵容项子牛对鲁国多次进攻。墨子把胜绰请退，严肃批评。

墨子游说齐国统治者，阻止齐国对鲁国的进攻。有一次，墨子听到项子牛将率兵攻伐鲁国，亲自出马找到项子牛，指出齐国伐鲁是犯大错误，引用历史上吴王伐越、智伯伐范氏和中行氏而自取灭亡的历史教训，说明"大国攻小国"不仅会给小国造成灾难，而且这种灾难的后果，也一定会反过来影响大国，最终给大国自己造成危害。

墨子亲自游说齐太公田和，让他意识到发动侵略战争对自己不利。墨子说："现在有一把刀，要用它砍人，试验刀锋利不锋利。如果被试者人头猝然落地，这刀算是锋利吗？"齐太公说："锋利。"墨子又说："用刀砍许多人，人头都猝然落地，这刀算是锋利吗？"齐太公说："锋利。"墨子说："刀是锋利，但是谁应该承担杀人的责任？"齐太公说："刀是锋利，但是试刀的人应该承担杀人的责任。"墨子说："兼并倾覆弱小的国家，无故屠杀老百姓，谁应该承担无道不义的责任？"齐太公一会儿低头，一会儿抬头，想了好久不得不承认："我应该承担责任。"（《鲁问》）

　　墨子的军事游说活动，体现他"非攻"的主张，表现他
保卫国家不受侵略的强烈爱国热情和正义感。

第七章 肩负道义立顽志 摩顶放踵无所惧

——人生观和价值论

第一节　献书楚王遭冷遇　义无反顾拒分封
——权利和道义的价值取向

在墨子止楚攻宋的游说活动取得成功的第二年，恰值楚惠王当政五十周年，墨子专程到楚国向楚惠王奉献著作。楚王读墨子书后，对墨子说："您的大作很好。我虽然不能够取得天下，但我很乐意奉养天下的贤人。请您留在楚国，做我的顾问。每年进俸一百钟（容量单位），委屈您这位贤人。"

墨子观察楚惠王不准备实行自己的学说，在楚国待下去没什么希望，决计辞行，对楚王说："我听说贤人进谏，道理不被实行，不接受赏赐；仁义学说不被听取，不滞留于朝廷。现在我书中的观点未被采用，就让我回鲁国去。"

临行前，楚王派大臣穆贺跟墨子辞行。墨子用这个机会，向穆贺陈述自己学说的道理，终没成功。当时楚国有一位颇有权势的地方封君，名叫鲁阳文君。他曾多次聆听墨子的游说，对墨子颇为佩服。他觉得楚王对墨子过于怠慢，对楚王说："墨子是有名的北方贤圣人，您不给予礼遇，这岂不叫士人寒心？"

楚王觉得鲁阳文君说得有道理，于是叫他追回墨子，许诺以方圆五百里的土地封墨子。战国时的封君拥有在封邑内征收租税的权力和其他许多特权，因而常常是各国有权势和富有的人物。楚王分封的许诺，没有动摇墨子坚持自己学说的决心，他毫不犹豫拒绝，毅然离楚返鲁。（参见《贵义》、《渚宫旧事》二）

跟止楚攻宋那一次成功的游说不同，献书楚王是一次失败的游说。失败不是偶然的，因为他的学说不被楚王认同。

与拒楚分封相似，墨子还推辞越王分封。有一次，墨子派弟子公尚过游说越王。越王想利用墨子"北方贤圣人"的名誉为自己装潢门面，于是给公尚过配备五十辆车，让他把墨子请到越国，许诺割让从前吴国旧地方圆五百里，作为墨子的封地，这样就可以免得他到处宣传并不为越王所喜欢的观点。墨子问公尚过道："你看越王能听我的话，用我的道

理吗？"公尚过说："恐怕不一定！"墨子说："不仅越王
不懂我的意思，连你也并没有真正弄懂我的志向。如果越王
能听我的话，用我的道理，只要有饭吃，有衣穿，跟其他大
臣一样待遇就行，何必要分封的特殊待遇？如果越王不听我
的话，不用我的道理，而只要我接受分封，这不是让我出卖
自己的名义吗？我要是肯出卖我的名义，我早就在中国（中
原地区）出卖，何必要等到今天卖给越国？"（《鲁问》）
义正词严地拒绝越国的分封，表明决不用原则做交易的坚定
立场。这是墨子的思想和个性。

第二节　衣食住行　奉行俭朴　损己利人　勇于献身
——自找苦吃和利他主义

一、自找苦吃

墨子衣食住行均以节俭为原则。他自述对待吃穿的态度
是，"量腹而食，度身而衣"，即有饭吃，有衣服穿就满足，
没有更高要求。在墨子影响下，他的学生都"短褐之衣，藜
藿之羹"，生活节俭。（《鲁问》）住的方面，"室高足以
避润湿，边足以御风寒，上足以御雪霜雨露，墙高足以别男
女之礼，谨此则止"，没有更高要求。（《辞过》）行的方面，

有车就坐车（车中还拉着许多书），没车就用两条腿走路。所以，老朋友们看了，都说墨子是"独自苦而为义"。（《贵义》）也有人对他说："今子遍从人而说之，何其劳也？"于是"墨子无暖席"、"墨突不黔"等成语便流行开来。尽管墨子一向身体很好，但有时还是因"得之寒暑劳苦"而生病。（《公孟》）这同"食不厌精，脍不厌细"，"盛容修饰"，穿着考究，出门坐车的孔子相比，真是大相径庭。

《庄子·天下》篇说墨子以治水的夏禹为榜样，要求"后世之墨者，多以裘褐为衣，以跂蹻为服，日夜不休，以自苦为极"。并说："不能如此，非禹之道也，不足谓墨。"庄子后学认为墨子这些要求太苛刻，"使人忧，使人悲"，很难办到。但墨者说到做到。

墨子死后，墨家集团成员的生活似乎有所改善。这种情况反映到《墨经》中，使它包含养生学和营养学的内容。墨家后学既明确地反对禁欲主义，也反对纵欲主义。他们认为，不能笼统地说欲望的满足是有益的，或者是有害的，前者将导致纵欲主义，后者将导致禁欲主义。而主张适度地、有分寸地满足人的合理欲望，这对人的身体健康有益无害。《墨经》说："无欲恶之为益损也，说在宜。""或者欲有不能伤也，若酒之于人也。""宜"就是合宜、适度、有分寸。如他们认为适量喝酒有益健康，不会"伤生损寿"。以上说明墨子后学对老师过分苦待自己的律条有所放松。

二、损己利人，甘心情愿

在人际关系上，墨子奉行利他主义观点。有一次禽滑厘跟杨朱辩论："假如从身上拔一根汗毛，对天下有利，那么干还是不干？"杨朱从极端利己主义观点出发，认为不能干。禽滑厘坚持墨子利他主义观点，认为应该干。孟子曾把墨子和杨朱的观点作过比较：

　　杨子取为我，拔一毛而利天下，不为也；墨子兼爱，摩顶放踵利天下，为之。（《孟子·尽心上》）

杨朱主张为我主义，拔一根汗毛而有利于天下都不肯干。而墨子主张兼爱天下，哪怕从头顶到脚跟都被磨成粉末，只要对天下有利，也肯干。

《墨经》专门给"任"的概念下定义：

　　任，士损己而益所为也。（《经上》）
　　为身之所恶，以成人之所急。（《经说上》）

任即任侠，就是以推行道义、抑强扶弱为己任。"益所为"是指做对所扶持的弱小一方有利的事。"成人之所急"即成全他人的急务急难。"损己"是可以损害以至牺牲自己。"为身之所恶"，是指即使自己不喜欢干的事，也应该干。这里贯穿墨子的利他主义观点，为了他人利益，可以牺牲个人利益。

在利他主义观点指导下，墨者曾有大义灭亲的壮举。墨者的巨子（领袖）腹䵍居住在秦国。他的独生儿子无故杀人。秦惠王说："先生年老，您就这么一个儿子，我已经命令法官不杀他。先生您就听我的话，不要杀他。"腹䵍说道："墨者之法，杀人者死，伤人者刑。而这也是天下的大义。您虽然替他讲情，赦免他，但我不能违背墨者之法。"于是把儿子杀死抵命。吕不韦评论说，杀死自己儿子以行大义，墨者巨子可以说是一心为公。（《吕氏春秋·去私》）腹䵍这种大义灭亲的精神，虽有可称道之处，但不通过国家司法机关和一定法律程序而自行其是，虽合"墨者之法"，却从另一方面违反国家之法。所以墨者这种侠义行为不能为当权者所首肯。

三、勇于献身，赴火蹈刃

史籍载，"墨子之门多勇士"。（陆贾《新语·思务篇》）"墨子服役者百八十人，皆可使赴火蹈刃，死不旋踵。化之所致也。"

（《淮南子·泰族训》）"化"指教化教育。墨子注重勇敢精神的教育培养。他说：

> 战虽有阵，而勇为本焉。（《修身》）

战斗要讲究队列阵势，但战士的勇敢精神是更为根本的。在墨子后学的必修教材《墨经》中，也有对"勇敢"概念的定义和分析：

> 勇，志之所以敢也。（《经上》）
> 以其敢于是也命之；不以其不敢于彼也害之。（《经说上》）

"勇"是指人敢于做某种事情的精神。敢于做某种事情是勇，同时又不敢于做另一种事情，并不妨害称之为勇。这说明勇有方向性、选择性。勇不是蛮干，而需要有理智和道德支配。如对人民有利的事勇于做，对人民不利的事就不做，这并不妨害称之为勇敢。《墨子》一书中，对"勇敢"曾有许多分析论述，颇有启发。（见《耕柱》、《鲁问》等）

墨者集团带有浓厚的军事性质，其成员要随时准备参军打仗，为保卫城池、抵御大国侵略而英勇献身。

墨者巨子孟胜曾率弟子为阳城君（楚悼王时封君）守城。楚悼王去世时，阳城君与群臣在灵堂围攻主持变法的吴起（？～前381），射中王尸，楚将依法查办，阳城君畏罪潜逃，于是楚收回其封国。这时，孟胜以"行墨者之义"为旗号，率弟子一百八十三人替阳城君战斗殉难。这固然在形式上表现墨者勇于献身的精神，但把"墨者之义"歪曲为替一个违犯国法的贵族殉难，未必符合墨子的原意。孟胜把后学的献身精神引向邪路，给统治者当殉葬品。这是墨子精神的变质，甚不足取。然而这也说明墨子的侠义心肠、任侠精神，完全可以被阉割利用，变为替统治者服务的工具。

第三节　反击诋毁　不为所动　坚信学说　以石自况
——墨子舌战巫马子

墨子到处奔波，宣传自己的学说，推行仁义，受到儒者的诋毁。经常跟墨子辩论的儒生巫马子，有一次对墨子说："子之为义也，人不见……而子为之，有狂疾。"即你到处为推行仁义而奔走，许多人看不见你的功劳。你还一味地干下去，简直是有神经病。墨子回答：

今使子有二臣于此，其一人者，见子从事，不见子则不从事。其一人者，见子亦从事，不见子亦从事。子谁贵于此二人？

墨子打比方说，假设你有两个臣仆，其中一人很狡猾，在你面前就干事，不在你面前就不干事。另一人很老实，不管在不在你面前，都一样干事。你赞成哪一个？

巫马子脱口而出："我贵其见我亦从事，不见我亦从事者。"

墨子说："然则是子亦贵有狂疾也。"（《耕柱》）墨子反唇相讥，把"有神经病"的帽子回敬给巫马子。

这里，墨子已表明自己坚持为义的决心。但见到一些人不理解，甚至抨击他的学说时，他也不免有些牢骚：

世俗之君子，视义士不若负粟者。今有人于此，负粟息于路侧，欲起而不能，君子见之，无长少贵贱，必起之。何故也？曰：义也。今为义之君子，奉承先王之道，以语之，纵不悦而行，又从而非毁之，则是世俗之君子之视义士也，不若视负粟者也。（《贵义》）

墨子批评世上的君子对待像墨子这样一心行义的人，还不如对待一个背粮食的人。如果一个背粮食的人，在路边休息，想站起来而起不来。君子见了，无论长少、贵贱，都会帮助他站起来。什么原因呢？这是做帮助人的好事。现在一心为义的君子宣传先王之道（墨子把自己的学说假托成先王之道），纵然不乐意实行，也不应该大肆诋毁攻击才对！

墨子尽管发过这些牢骚，但他仍然这样估价自己的学说：

吾言足用矣。舍吾言而革思者，是犹舍获而拾粟也。以其言非吾言者，是犹以卵投石也。尽天下之卵，其石犹是也，不可毁也！（《贵义》）

墨子认为自己的学说足够用。抛弃他的学说，而更换其他学派的学说，就像抛弃收获，去捡拾掉在地上的几粒谷子。如果用其他学派的言论，来诋毁墨子的言论，这就像拿鸡蛋碰石头，即使把天下的鸡蛋都打烂，石头还是老样子，不会毁掉。可见墨子对自己的学说是多么自信。

不过，墨子对自己学说的自信，在他的某些后学那里，变成迷信。如写《大取》的那一派墨者，就曾说过："设天下无人，子墨子之言也犹在。"即假如天下的人们都不存在了，老师墨子的言论还照样存在。这是把墨子的学说神化。当然这并不是所有后学的态度。在《墨子》一书中可以看到，怀疑墨子学说某些部分（如宗教迷信观点）的学生，也不乏其例。狭义《墨经》四篇的作者，熔百家归于一炉，正师说益近真理，对墨子学说采取更为科学的态度。

第八章　科学家信鬼神令人惊异
权借用吓唬人我行我素

——宗教观和无神论

第一节　假天意推行学说　借鬼神劝善禁暴
——墨子的宗教观

墨子提出"天志"和"明鬼"两个论题，为此作过系统讲演（见《天志》、《明鬼》）。

"天志"即承认天有意志。墨子把有意志的天（上帝或中国人常说的老天爷）看成人类社会的最高主宰。他说："顺天意者，兼相爱，交相利，必得赏；反天意者，别相恶，交相贼，必得罚。""天之意，不欲大国之攻小国也。欲人之有力相营，有道相教，有财相分也。"兼爱非攻本是墨子学说，他假托成老天爷的意志。墨子感到光靠自己的力量，不足以说服和压倒当时的统治者，于是假借天意宣传学说，企图吓唬当时统治者。他说："天子为善，天能赏之；天子为暴，天能罚之。"天子要受老天爷管束。墨子塑造的老天爷形象，替墨子说话。他所说的老天爷的意思，其实就是墨子的观点。他所说的天志，是他所代表的小生产者意志的扩大、引申和幻想化。

对上帝的崇拜，是商周占统治地位的宗教思想。商周奴隶主贵族利用宗教迷信作为统治人民的工具。墨子袭用传统宗教迷信观念，用旧瓶装新酒。他宣传天志，矛头是针对当时统治者，想以此警戒、约束统治者的行为。

所谓"明鬼"，就是证明鬼神存在。为证明鬼神存在，墨子提出一个原则（标准）："天下之所以察知有与无之道者，必以众之耳目之实知有与无为仪（标准）者也。诚或闻之见之，则必以为有。莫闻莫见，则必以为无。"（《明鬼下》）这个原则也就是他所谓"言有三表"的第二表，即"下原察百姓耳目之实"。从哲学上说，这个原则是感觉论或经验论。感觉和经验是重要的，是一切真知的源泉。但感觉和经验还要依靠理性的指导和分析，离开理性指导的感觉和经验是片面、表面的，会为假象所迷惑。墨子的哲学认识论观点有感觉论或经验论的特征，其后学对这点有所超越和克服。

墨子之所以证明鬼神的存在，为的是让鬼神帮助"赏善罚暴"。他说，当今之世为什么会天下大乱，坏人坏事层出不穷？就是人们"疑惑鬼神之有与无之别，不明乎鬼神之能赏贤罚暴也"，即怀疑鬼神的存在，不晓得鬼神能够赏善罚暴。墨子把鬼神描绘得活灵活现，说什么"有天鬼，有山水鬼神，亦有人死而为鬼者"。他说鬼神能在"幽间广泽、山林深谷"、人迹罕至的地方监视人的行为。如果有当官的"治官府不廉洁"，有人"为淫暴寇乱盗贼"，"鬼神之明必知之"。鬼神有强大威力，对"富贵众强，勇力强武，坚甲利兵，鬼神之罚必胜之"。

墨子的"鬼神"和他的"天志"一样，都是为推行其学说而使用的工具。墨子企图用老天爷和鬼神这种虚幻的力量来弥补自己实力的不足。这种宗教观和迷信思想，是墨子学术体系中的糟粕和消极成分。这一点，在墨者集团内外引起许多争论。这种争论的结果，导致墨子后学无神论的诞生。

第二节　疑鬼神后学提问　设遁词墨子强辩
——墨子和后学辩论鬼神

可怜夜半虚前席，不问苍生问鬼神。墨子的学生多次就鬼神问题向老师提出质疑问难：

先生以鬼神为明知，能为人祸福，为善者福之，为暴者祸之。今吾事先生久矣，而福不至，意者先生之言，有不善乎？鬼神不明乎？我何故不得福也？（《公孟》）

老师说鬼神什么都知道，能让好人得福，坏人得祸。而我老老实实做您的学生这么久，怎么不得福？是您的话不对？还是鬼神并不是什么都知道？

墨子说："尽管你没有得福，我的话有什么不对？鬼神有什么不知？你知道藏匿逃犯的人有罪吗？同样，藏匿别人好处的人也有罪。现在有一个人，好过你十倍，你能逢人先称誉他十次，才自誉一次吗？有一个人好过你一百倍，你能终身称誉他的善行，而从不自誉吗？"学生回答说："不能。"墨子说：

匿一人者犹有罪，今子所匿者，若此其多，将有厚罪者也，何福之求？

经墨子这么一辩，学生成了一个有"厚罪"之人，哪里还能盼望得福？墨子的辩论，是应用"不相干类比"（拟于不伦，不伦不类）的强词夺理诡辩。

一次，墨子生病在床。一个叫"跌鼻"的学生去看他，十分纳闷地问墨子：

> 先生以鬼神为明，能为祸福，为善者赏之，为不善者罚之，今先生圣人也，何故有疾？意者先生之言有不善乎？鬼神不明知乎？

即老师平时告诉我们鬼神无所不知，无所不晓，一切行善事的人会得到赏赐，一切干坏事的人会得到惩罚。老师是天下有名的圣人，怎么会得病？这是由于老师的话不对，还是由于鬼神并不是什么都知道？

学生看出墨子的有神论和现实生活有矛盾，不能自圆其说。对此，墨子答道：

> 虽使我有病，鬼神何遽不明？人之所得于病者多方，有得之寒暑，有得之劳苦，百门而闭一门焉，则盗何遽无从入？（《公孟》）

即虽然我生病了，但怎么能匆忙得出结论说"鬼神不明知"？人得病的原因很多，如有的病是得之于冷热，有的病是得之于过度劳累。我行善事，就像一百个门只堵一个门，盗贼怎

　么会进不来？墨子的这个答案实际上等于放弃鬼神一元论的观点，而是既采用"鬼神明智"的宗教迷信观点，又采用自然科学的无神论观点，把这两种对立的观点调和起来，以二元论的遁词强辩。

　　墨子在日常生活中，还常常抛弃其有神论观点，而从世界的本来面目解释世界。有一次墨子从鲁国出发，向北走去齐国游说。路上碰见一个相面的人。相面的说："老天爷今天在北方杀黑龙，您长得这么黑，去北方不吉利。"墨子不信，说："老天爷在东方杀青龙，在南方杀赤龙，在西方杀白龙，在北方杀黑龙。如果按照你的话，则要禁止天下人走路，这分明是违心欺骗天下人。你的话不能听！"（《贵义》）看来，墨子仍然坚持朴素唯物论的立场，我行我素，并不总是把上帝鬼神的事放在心上。

　　就是在"明鬼"的专题讲演中，墨子为自己留下后路。他就祭祀鬼神的问题作二难推论说：

　　若使鬼神诚有，是得其父母姒兄而饮食之，岂非厚利哉？若使鬼神诚无，是乃费其所为酒醴粢盛之财，非特注之污壑而弃之也，内者宗族，外者乡里，皆得如具饮食之，此犹可以合欢聚众，取亲于乡里。

如果鬼神真的存在，可以让被祭者的鬼魂享用祭品。如果鬼神真的不存在，可以使"农与工肆之人"穷乡亲们，借机聚餐联欢，何乐不为？这样一来，墨子就等于承认"鬼神诚无"（鬼神真的不存在）这一个辩论对方的观点。由此可见，在鬼神是否真的存在这一点上，墨子的观点是不彻底的，这给后学发展无神论观点，留下余地。

第三节　唯物论宇宙观　鬼神无处藏
经四篇无神论　科学看死生
——后学的无神论

治学如积薪，后来者居上。墨子后学以无神论代替先师的有神论，这是文化史上一个学派由谬误走向真理的范例。

狭义《墨经》四篇坚持唯物论一元论的宇宙观，把客观世界作为唯一研究对象，从科学观点看待宇宙人生，没有给鬼神留下藏身的余地，绝无一字一句谈神论鬼，把墨子的有神论观点抛弃得干干净净，坚持无神论的立场。

中国古人认为四方上下即空间叫作宇，古往今来即时间叫作宙，《墨经》叫作"久"。《墨经》说"久"即时间概念是"古今旦暮"等不同具体时间形式的概括。《经上》说：

"久，弥异时也。""宇"即空间概念是"东西南北"等不同具体空间形式的概括。《经上》说："宇，弥异所也。"《墨经》认为时间和空间相互联系，是物质的两种存在形式。物质在空间运动，既表现为空间，又表现为时间。墨者拿人走路打比方说："行修以久，说在先后。"（《经下》）"行者必先近而后远。远近，修也。先后，久也。民行修必以久也。"（《经说下》）人走路，先迈第一步，再迈第二步，如此等等。走的远近，是空间；走的先后，是时间。时间空间相互联系，二者都是物质运动的形式。

后学认为宇宙空间是无穷的。《经说下》："莫不容尺，无穷也。"宇宙空间用尺量，永远量不完，所以是无穷的。《经上》："盈，莫不有也。""尽，莫不然也。"即无穷的宇宙空间充盈着无穷无尽的物质（"有"和"然"指物质的存在状态）。

世界上的一切实际存在都用"物"这个总名概括，即世界上一切都是物质。《经说上》："物，达也，有实必待之名也命之。""物质"是外延最大的普遍概念，它包容概括一切实际存在的事物。这样，鬼神就没有存身的余地。

墨子后学以唯物论观点为指导，阐释人的生理、心理现象。人的生命是形体具有正常的感知能力。《经上》说："生，形与知处也。"形体具有正常感知能力就有生命；只有躯体而丧失感知能力，就是死亡。《经说上》说："盈（指形体与感知能力兼有）之生，常不可必也。"睡眠是人的认识能力暂时休息，不发生作用。《经上》说："卧，知无知也。"做梦是睡眠时所产生的虚幻感觉。《经上》："梦，卧而以为然也。"平静恬淡的心理状态，是人的认识能力暂时不发生欲念的激动。《经上》："平，知无欲恶也。"《经说上》："平，淡然。"人的生病和死亡是可以认识的。《经下》说："物之所以然，与所以知之，与所以使人知之，不必同，说在病。"《经说下》说："或伤之，然也。见之，知也。告之，使知也。""疑无谓也。臧也今死，而春也得之，之死也可。"一个人因受伤而生病，既可认识，又可告诉别人。臧得不治之症死，春受到感染也可能死，用不着疑神疑鬼，更用不着找巫婆神汉装神弄鬼。《小取》说："且夭，非夭也。寿且夭，寿夭也。"小孩子得病有可能夭折，但不等于已经夭折，应该采取积极措施，治病改善营养，使即将夭折的孩子获得长寿。听天由命，不采取积极措施，任其夭折的态度要不得。墨子后学在"寿夭"问题上主张积极有为，反对儒家的宿命论观点。

　　墨子后学从老师的宗教迷信思想中解脱，用唯物论一元论和彻底无神论的观点说明宇宙人生，认识改造世界，把墨学提高到一个崭新境界。

第九章　真知睿智凝经典　雄辩百家铸名篇

——辩证法、认识论和逻辑学

第一节　同异交得仿有无　两面勿偏取权衡
——辩证法

墨子本人没有明显的自觉的辩证法思想，但其后学在辩证法方面颇有建树。他们发现辩证法的本体论性质，意识到辩证法的方法论意义。

一、同异交得仿有无

《墨经》说：

同异交得仿有无。（《经上》）

墨者认为"同"是两个不同事物具有一致方面。《经上》说："同，异而俱于之一也。"如两人同时看见这一根柱子，多人事奉同一个君主。《经说上》说："二人而俱见是楹也，若事君。""异"则是两个事物在一定方面具有不同性质。《经说上》把"不类"定义为"异"的一种，而"不类"之异就是"不相同"，即在某一方面没有共同点。又说："二必异。"即只要是两个事物都必然有差异。《墨经》对同和异的定义都颇具辩证意味。

从本体论意义上说，"同异交得"思想是指相异或对立的性质存在于同一事物。这可以说是"对立统一"观念的另一种说法。从方法论意义上说，"同异交得"是指在思维认识中同时把握事物相异或对立的性质。这是把"同异交得"作为思维方法看待。"同异交得"即事物对立面相互渗透和同时把握。《墨经》在同一条中一口气列举十四个例子证明"同异交得"的命题：

1. 一个人可以同时是"有富家"（家中财产丰富）而"无良知"（没有受过良好教育），或"无富家"而"有良知"。

2. 一个数跟不同的数相比，可以既多又少。

3. 蛇、蚯蚓的蠕动，可以既离开又靠近。

4. 鸟儿在筑巢时折取的梧桐树枝，可以既坚实又柔韧。

5. 剑的作用在于消灭敌人，但消灭敌人的目的在于保存自己，所以剑也有跟保护生命的铠甲同样的作用。

6. 一位妇女，对其女儿来说是母亲（长辈），对其母亲来说是女儿（晚辈）。她就是既长且少。

7. 一物的颜色比甲物淡（白），比乙物浓（黑），就是既白且黑。

8. 一个圆的圆心，同时可以处于另一个圆的圆周，则这个点既是"中央"又是"旁"。

9. 一个人的言论和行动、行动与行动或学问与实际之间，可以既有正确又有错误。

10. 老母鸡孵蛋的某一阶段，在小鸡即将出壳又未出壳时，是既成又未成。

11. 一个人在兄弟之间排行老二，则他既可为兄，又可为弟，说"兄"和"弟"都合适。

12. 身躯处在某地，而心思意志早已驰往别处，这是既"存"（指身）又"亡"（指志）。

13. "霍"这一个字，可以既指一种动物鹤，又可指姓霍的人，这是因为人们拿一种动物的名称做姓氏的结果。

14. 商业贸易中物价定得合适，保证买卖正常进行，这种物价就是既贵（对卖方说）且贱（对买方说）。

如此众多的事例，都说明"同异交得"即对立统一的普遍性。"同异交得仿有无"说的就是这个意思。"有无"指所列举的第一个例子。"仿"是相仿、仿照、以此类推之意。说明"同异交得"命题的证明，依赖于"有无"这种典型事例。

二、两面勿偏取权衡

《墨经》明确地把辩证法作为观察思考的方法：

见：体、尽。（《经上》）

特者，体也。二者，尽也。（《经说上》）

权者两而勿偏。（同上）

言多方、殊类、异故，则不可偏观也。（《小取》）

即观察和思考的方法有两种，一种是一点论，另一种是两点论。《墨经》中表示一点、一面的用词有体、特、或、偏等，表示两点、两面的用词有兼、二、尽、俱等，都有专条定义。如说"或也者，不尽也"。"尽，莫不然也。""体，分于兼也。""偏也者，兼之体也"等等。"权"即权衡思考。《大取》说：

于所体（事为）之中而权轻重之谓权。权非为是也，亦非为非也。权，正也。

"权"的直接意义是用标准去衡量事物，它本身不等于"是"（肯定），也不等于"非"（否定），用标准同事物权衡比较的结果，所得出的判断才有是非真假可言。

"权者两而勿偏"，"言多方殊类异故，不可偏观"，就是要求权衡思考尽力把握两面，而不要只抓住一面，即提倡两点论，而避免一点论。《墨经》分析问题常用两点论。如敢和不敢、誉（表扬）和诽（批评）、功和罪、罪和非罪、赏和罚、欲和恶、同和异、久（时间）和宇（空间）、有穷和无穷、损（减少）和益（增加）、见和不见、一和二、广与修（长）、能和不能、有和无、今和古、知和不知等等，举不胜举。《大取》特别分析利和害权衡弃取的两点论：

利之中取大，害之中取小也。害之中取小也，非害也，取利也。其所取者，人之所执也。遇盗人，而断指以免身，利也。其遇盗人，害也。利之中取大，非不得已也。害之中取小，不得已也。于所未有而取焉，是利之中取大也。于所既有而弃焉，是害之中取小也。

墨者证明利和害是对立统一的。《大取》中说："凡兴利，除害也，其类在漏雍。"凡兴办对人民有利的事业，必然包含为人民除害的一面。如修堤坝兴水利，即需堵溃漏除水害。又如办货经商，在深山野林遇上强盗，这自然是害，但如果处置得当，能够"断指以免身"，断掉一个指头而保全性命，是不幸中的万幸，害中的大利。两害相权取其轻，取小害在某种意义上不是"取害"，而是"取利"。在"不得已"的情况下，以牺牲局部来保存整体，这是一种聪明的谋略。这里贯彻的正是两点论，而不是一点论。一点论的表现是利就是利，害就是害，利害处于绝对不相容的对立中，不允许在一定条件下以牺牲局部的办法来保存整体，从而导致丧失整体，这是形而上学的愚蠢处置。

墨者认为两点论是顶级的思维方法，所以起名叫"大取"。而排列各种概念、判断、推理形式的篇章，则起名叫《小取》，认为这是一种初阶的思维方法。

第二节　探求知识的门径　寻觅真理的途程
——认识论

墨子在认识论上不乏精彩的论述，如他主张"取知"（实践之知）优于"名知"（概念之知），就是很有名的。（见《贵义》）但墨子的认识论流于狭隘的经验主义，后学则经验和理论并重，在认识论上创获颇丰。

一、耕者知原，渔者知泽

——论求知的条件和过程

《墨经》论求知的条件和过程，有以下四条经典式的论述：

1. 知，材也。（《经上》）

知也者，所以知也。而不必知。若明。（《经说上》）

2. 虑，求也。（《经上》）

虑也者，以其知有求也。而不必得之。若睨。（《经说上》）

3. 知，接也。（《经上》）

知也者，以其知过物，而能貌之。若见。（《经说上》）

4. 知，明也。（《经上》）

知也者，以其知论物，而其知之也著。若明。（《经说上》）

第一条的"知"，是指人所具有的认识能力。"材"是人认识器官的功能。它是人们能够获取知识的条件，但如果仅有认识能力而不发挥其作用，那还不等于有知识。犹如健全的视力是人们看见东西的条件，但不去用眼睛看，即不运用视力，那不等于看见。

第二条的"虑",是指运用人认识能力以求知的活动,但只冥思苦索,也未必获取知识。如用眼睛斜着一瞥,而不正对着事物仔细看,也不一定看清事物。

第三条的"知",是指感性认识。其特点是用人认识器官接触事物(过物),而能认识事物的状貌。它是直接接触事物所产生的认识,所以用"接"定义。如用眼睛看东西看见了,了解它的外貌,这就是接触事物所产生的直接认识。

第四条的"知",是指理性认识。它的特点是用人的认识器官分析事物,从而产生深切著明的认识,所以用"著"和"明"定义。如用眼睛看事物,看得清楚明白。墨者为了强调这种知的特点,特意在"知"字下加了一个"心"字。由于此字为所有辞书所无,从汉字规范化角度考虑,在引用时已改为现在的通行字体。

《墨经》举例说,像"久"(时间)、"宇"等抽象概念,就是以眼耳鼻舌身这五种认识通路(五路)提供的感性经验为基础,而经心思理智的概括而形成的。

二、人道弥深,所见弥大

——论知识的内容和分类

《墨经》按照知识的来源和内容把知识分为如下几种:

知：闻、说、亲、名、实、合、为。（《经上》）

传受之，闻也。方不彰，说也。身观焉，亲也。所以谓，名也。所谓，实也。名实耦，合也。志行，为也。（《经说上》）

"亲知"是用感官直接接触事物而产生的直接知识。如亲眼见到某人因受伤而生病。

"闻知"是经别人传授而产生的知识。如听别人告诉某人因伤而生病。

"说知"是以亲知、闻知为基础，经过推理而得到的知识。如已亲知室外之物的颜色是白的，又闻知别人说："室内之物的颜色同室外之物一样。"由此可推出室内之物的颜色是白的。《经说下》："室外，亲知也。室中，说知也。"未亲临室内而推知室内的情况，这是由已知推论未知的认识。

"名知"是概念之知。如听到"连弩之车"的解释，看到设计说明，而产生的认识。

"实知"是实际对象之知。如看到城上已经安装好的连弩之车，而产生的知识。

"合知"是名和实的结合。如既看到连弩之车，又听到对于它的解释说明，而产生的知识。

"为知"是有意识行动，自觉实践的知识。"志"指意志、动机。"行"、"为"指实践。如在连弩之车的名知、实知、合知的基础上，有意识地从事连弩车制造的实践。"为知"是知识、思想和行为的结合。《墨经》把墨子"名知"、"取知"的分类大大向前发展，把实践的观念引入认识过程，深刻而独到。

三、从教变白能为黑，桃李依然是奴仆
——驳诡辩家和儒道学者的知识论

1. 驳诡辩家的知识论

（1）驳"火不热"。中国古代诡辩家提出"火不热"的论题。（《庄子·天下》）意思是火本身不热，而热只是人的感觉。这是主观唯心主义的诡辩。依照这种说法，可以任意把一切事物的性质都说成人的主观感觉，而否认客观实在。《墨经》说：

火热，说在视。（《经下》）

谓火热也，非以火之热我有。若视日。（《经说下》）

即认为火本身是热的，不能把火的热归结为人的感觉。犹如以目视日，感觉热烘烘的，日之热是原有的，并不是由于人

的眼睛所给予。

（2）驳"目不见"。名家公孙龙喜欢辩论"目不见"的论题。他说：

> 白以目、以火（光线）见，而火不见，则火与目不见。（《公孙龙子·坚白论》）

就是说，白色是用眼睛和光线看见的。而光线当然没有眼睛不会看，于是光线和眼睛加在一起也看不见。这是错误利用类比推理而得出的荒谬结论，它必然导致不可知论和怀疑论。《墨经》批驳：

> 以目见而目见，以光见而火不见。（《经说下》）

即看东西需要眼睛和光线，但眼睛是见物的器官，而光线只是见物的条件，二者对见物所起的作用不同。因此不能以光线不能见物为理由，而说眼睛不能见物。《墨经》常用以目视物打比方，说明认识的条件、过程和结果。他们对人的主体的认识能力持有充分信念，而反对诡辩家的不可知论和怀疑论。

（3）驳"狗非犬"。诡辩家还喜欢辩论"狗非犬"的论题。（《庄子·天下》）《墨经》从知识分类的角度给予分析。

知狗而自谓不知犬，过也，说在重。（《经下》）
知狗重知犬，则过，不重则不过。（《经说下》）
狗，犬也。而杀狗非杀犬也不可，说在重。（《经下》）
狗，犬也。谓之杀犬可。（《经说下》）

从"名知"角度说，"狗非犬"的命题是对的。因为狗和犬毕竟是两个字，不认识这两个字，得分别教和学。但从"实知""合知"和"为知"角度说，"狗非犬"是错误的。因为狗犬是"二名一实"，是"重同"（《经说上》）。狗名所指和犬名所指是一回事。说到"为知"，涉及人的实践行为，更不能说"狗非犬"。如杀一条狗，就是杀一条犬，不能诡辩说我杀一条狗，但没有杀犬。

2. 驳道、儒学者的知识论

（1）驳"学无益"。《老子》中说"绝学无忧"，企图否定教育，否定学习。墨子是伟大教育家，墨者中有许多严师，自然反对这种论调：

学之益也，说在诽者。（《经下》）

以为不知学之无益也，故告之也，是使知学之无益也，是教也。以学为无益也教，悖。（《经说下》）

墨者主张"学习是有益处的"，反对这一命题的人必然陷于自相矛盾。道家的首领以为大家都不知道他们的这个观点，于是到处宣传，以此教导人。可是这样一来，恰恰是他们自己以实际行动证明学习是有益处的，而与他们的论点相违背。墨者用归谬法反驳道家"学无益"的论题。

（2）驳"知不知"。《老子》说："知不知，上。不知知，病。"即知道自己有所不知，这是最好的；而以不知为知，则是过失。孔子也说："知之为知之，不知为不知，是知也。"（《论语·为政》）即知道就是知道，不知道就是不知道，这就算是明智。道、儒两家都强调要知道自己有所不知，这等于在知识问题上提倡虚心态度。但他们又不提倡积极寻求知识。道家要荒谬地取消知识，儒家主张文献不足只能"缺疑"，而不积极探寻知识，尤其是对自然科学知识缺乏兴趣。墨家则不同，他们主张广泛探讨自然、社会知识，反对道、儒两家在求知问题上的无所作为：

> 知知之否之足用也，悖。说在无以也。（《经下》）
>
> 论之非知无以也。（《经说下》）

即"知道自己知道，还是不知道，就足够"的话，是自相矛盾的。因为你说这话的目的，是让别人知道你的道理，可见你认为，别人要是光表示不知道你的道理，是不够的。这是使用归谬法反驳对方观点。

第三节　精思善辩的技艺　言词交际的方术
——逻辑学

墨子很重视辩论技艺和言词交际方术的研究。他规定名、辩、类、故、法等逻辑范畴，发现逻辑矛盾律，总结归谬式的类比推理，为中国古代逻辑学的发展奠基。而后学则进一步总结战国中后期百家争鸣的经验，在《墨经》提出博大精深的"辩学"即逻辑学体系，把中国古代逻辑学的研究推向高峰。《小取》是墨家逻辑的简明读本。它开宗明义说：

> 夫辩者，将以明是非之分，审治乱之纪，明同异之处，察名实之理，处利害，决嫌疑，焉（乃）摹略万物之然，论求群言之比。

辩学的目的是搞清楚是非的界限、国家治乱的规律、同异的所在、名实的道理、利害的分别和疑似难解的问题，归结起来就是要反映世界的本来面目，探讨言词表达的规律。可见墨家认为逻辑学有广阔的用场。

《小取》接着又说：

> 以名举实，以辞抒意，以说出故。此类取，以类予。有诸己不非诸人，无诸己不求诸人。或也者，不尽也。假者，今不然也。效者，为之法也。所效者，所以为之法也。故中效则是也，不中效则非也。此效也。譬也者，举他物而以明之也。侔也者，比辞而俱行也。援也者，曰：子然，我奚独不可以然也？推也者，以其所不取之，同于其所取者，予之也。

名是语词和概念，辞是语句和判断，说是推理和论证。墨家逻辑中包括着现今逻辑学中的概念论、判断论、推理论、规律论和谬误论等各部分内容。所谓或（选言）、假（假言）、效（公式演绎）、譬（譬喻类推）、侔（比词类推）、援（援例类推）、推（归谬类推）是各种判断、推理和论证方式。

墨家在战国时代的百家争鸣中，以辩论谋生存，求发展。《墨经》记载墨家同各家的辩论，凝聚辩论的成果。在墨家学派内部不时就各种学术问题展开辩论。千琢良玉，百炼精金。《墨经》正是经过墨者反复争鸣辩论而雕琢锤炼出来的良玉精金。

真理是在争论中确立的，真理越辩越明。墨家自始至终坚持与其他学派的争鸣，以及本学派内部的辩论。这是墨家思想学说得以生存发展的内在动力和奥妙所在。

《吕氏春秋》记载墨者在秦国的活动。《去宥》篇记秦惠王与"秦之墨者唐姑果"对话，但未见唐姑果在学术方面的作为。至于"居秦"的墨家巨子腹䵍，则只见大义灭亲，杀子以行"墨者之法"的侠义行为。

历史发展到今天，墨者艰苦卓绝的任侠精神和可歌可泣的侠义行为，随时间的推移已成为历史。墨家的学术成就，至今仍有不可忽视的价值。作为中国文化瑰宝的《墨经》，更需仔细研究，继承发扬墨家的合理思想和科学精神。

墨子引古语说："君子不镜于水，而镜于人。镜于水，见面之容；镜于人，则知吉与凶。"（《非攻中》）墨子与墨家所创立与发展的墨学，是一面历史的镜子，可以在诸多方面对我们有所启示。

出版后记

中华文明源远流长。在漫长的历史岁月中，我们中华民族创造了辉煌灿烂的文化成就，践行着自己朴素而真诚的人生和社会理想，追寻着具有鲜明特色的伦理价值和审美境界，展示出丰富、生动、深邃的思想智慧。在很长一段时间内，中国文化在世界文明体系中居于领先地位，其影响力和感染力无比强大，从而在铸就中华民族独特灵魂的同时，也为人类文明的发展和进步作出了重要的贡献。

明清之际，由于复杂的原因，中国社会没有能够有效地完成转型，逐步走向封闭和衰落。鸦片战争的失败，更使中国面临数千年未有之变局，使中华民族沦入生死存亡的艰难境地。为了救国于危难，当时的仁人志士自觉不自觉地把目光投向西方，投向西学，并由此对中国传统文化进行了激烈的批判。从洋务运动、戊戌变法，一直到五四新文化运动，在近代中国救亡图存的历史语境中,传统文化的观念和形态,常常被贴上落后、愚昧的标签,乃至被指斥为近代中国衰落和灾难的祸根,就连汉字和中医这样与国人生命息息相关的文化形态,也受到牵连和敌视,被列入需要废除的清单。对本民族文化的这种决绝态度,在世界各民族的历史上都是罕见的,它既反映了我们中华民族创新发展的非凡勇气,也从一个重要侧面,印证了中华传统文化的顽强和深厚。

今天,历史已经走进 21 世纪,我们中华民族经过不懈的努力和奋斗,迎来了快速发展的良好机遇,国家强盛、民族复兴的曙光就在前方。在这样的时候,在这样的历史背景下,重温我们民族的辉煌、艰难历史,重新认知我们民族的优秀文化和高贵传统,不仅是一种自然的趋势,也是一项庄严的历史使命。理由很简单,我们中华民族要在全球化的背景下真正实现伟大复兴,必须具有足够的凝聚力和创造力,必须具有强烈的自尊心和自信心,而这一切,离不开对本民族优秀文化基因的认同和感念,离不开对优秀传统的继承和弘扬。从这个意义上说,中国传统文化是不绝的源泉,是清新而流动的活水。我们组织出版《中国文化经纬》系列丛书,正是为了汲取丰富的精神滋养,激发我们前行的力量。

本书系计划出版 100 卷,由著名的中国文化书院组织编写，内容涵盖中国传统文化的各个方面和层级，涉及文学、历史、艺术、科学、民俗等多个领域，力求用通俗易懂的语言，用较少的篇幅，使广大读者对中国历史文化有较为全面的认识，对中国精神和中国风格有较为深切的感受。丛书的作者均为国内知名专家，有的是学界泰斗，在国内外享有盛誉，他们的思想视野、学术底蕴和大家手笔，保证了丛书的学术品质和精神品格。

这是一套规模宏大、富有特色的中国传统文化读本，这是专家为同胞讲述的本民族的系列文明故事，我们期待您的关注和阅读，也等待您的支持和批评。

中国书籍出版社

2015 年 9 月

中国文化经纬·第一辑

从黄帝到崇祯：二十四史 / 徐梓 著
华夏文明的起源 / 田昌五 著
孔子和他的弟子们 / 高专诚 著
老子与道家 / 许抗生 著
墨子与墨学 / 孙中原 著
四书五经 / 张积 著
宋明理学 / 尹协理 著
唐风宋韵：中国古代诗歌 / 李庆 武蓉 著
易学今昔 / 余敦康 著
中国神话传说 / 叶名 著

中国文化经纬·第二辑

敦煌的历史与文化 / 宁可 郝春文 著
伏尔泰与孔子 / 孟华 著
利玛窦与徐光启 / 孙尚扬 著
神秘文化的启示：纬书与汉代文化 / 李中华 著
中国古代婚俗文化 / 向仍旦 著
中国书法艺术 / 陈玉龙 著
中国四大古典悲剧 / 周先慎 著
中国图书 / 肖东发 著
中国文房四宝 / 孙敦秀 著
中印文化交流史 / 季羡林 著